高分专注力

孩子提分，抓好这9大场景就够了

李嘉树 ◎ 著

台海出版社

图书在版编目（CIP）数据

高分专注力：孩子提分，抓好这9大场景就够了 /
李嘉树著 . -- 北京：台海出版社，2023.1

ISBN 978-7-5168-3435-0

Ⅰ . ①高… Ⅱ . ①李… Ⅲ . ①注意力—能力培养—家
庭教育 Ⅳ . ① G782

中国版本图书馆 CIP 数据核字（2022）第 212805 号

高分专注力：孩子提分，抓好这 9 大场景就够了

著　　者：李嘉树

出 版 人：蔡　旭　　　　　　　　封面设计：异一设计
责任编辑：魏　敏

出版发行：台海出版社
地　　址：北京市东城区景山东街 20 号　邮政编码：100009
电　　话：010-64041652（发行，邮购）
传　　真：010-84045799（总编室）
网　　址：www.taimeng.org.cn/thcbs/default.htm
E - m a i l：thcbs@126.com

经　　销：全国各地新华书店
印　　刷：三河市嘉科万达彩色印刷有限公司
本书如有破损、缺页、装订错误，请与本社联系调换

开　　本：880 毫米 ×1230 毫米　　　1/32
字　　数：150 千字　　　　　　　　印　　张：7.75
版　　次：2023 年 1 月第 1 版　　　印　　次：2023 年 3 月第 1 次印刷
书　　号：ISBN 978-7-5168-3435-0

定　　价：49.80 元

序

2015年3月，我在教育局工作，为小学生家长、老师做咨询，他们抱怨得最多的问题是：学生做作业拖拉、上课分心、学业落后、不守规则……这些问题背后有同一个因素——孩子注意力不集中。

问题很普遍，方法很常见。市面上，提高注意力的主流方法是：吃药、运动、游戏、脑电反馈……这些方法大抵不是有副作用，就是收效甚微，而且无一例外，只要一停止作用马上就失效。

孩子们如此努力，结果换来的却是没有进步的学业和严厉的批评。想到他们，我内心无比悲伤。

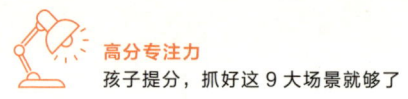
那些家长承受着压力，想尽办法，也没有使孩子进步。想到他们，我深深同情。

那一刻，我找到了自己的使命。

2016 年 6 月，我从教育局裸辞，探索注意力问题的解决之道。

2016 年 7 月，我每周在小学听两次课，记录注意力不集中的孩子的上课表现。

2016 年 9 月，我学习文献，参加培训，了解世界尖端学者的研究成果，并和其中极优秀的几位学者保持通信。尤其是弗吉尼亚联邦大学的约书亚·朗伯格（Joshua Langberg）博士，他详细指导我如何开展注意力培训。

2016 年 10 月，在没有收入的情况下，我在上海师范大学第一附属小学开展注意力提升项目，每周为注意力不集中的孩子讲课。

2017 年 11 月，转折点到来了。

那天，我的课堂主题是"自我鼓励"。

我问孩子们："你们可以怎么鼓励自己？"

他们纷纷摇头。

我换了个说法："当你们做得好的时候，可以对自己说些什么？"

他们依然很迷茫。

我灵机一动，问："当你表现好的时候，你的爸爸妈妈会对你说什么？"

孩子纷纷举手："不能骄傲！""下次要做得更好！""上次怎么不这样……"

我瞠目结舌。

这些孩子注意力都不太集中，在学习、生活中很少收获表扬，成就感对他们而言是稀缺品。当他们偶尔做得好，收获的居然不是鼓励，而是父母的打击。

我猛然醒悟：注意力不仅是孩子的事。他们掌握再多集中注意的方法，回到一个充斥着批评和命令的环境里，依然会消极被动。这就好比，一个优秀的员工被糟糕的老板管着，他也发挥不出自己的能力。

需要训练的不仅是孩子，还有他们的父母。协助孩子最有效的方法，是帮助家长成为教育自己孩子的专家。

2018 年 6 月，我在一个音乐培训机构里，为 11 名家长开了第一场家长课堂。

2018 年 9 月，我开始去学校做家长讲座，截至当年底，我累计去了 28 所中小学、幼儿园，为两千余名家长做家庭教育讲座。

2019 年，我开始培训教师。我深信影响一位教师可以帮到

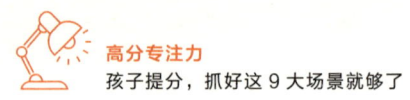

很多孩子，于是我去了 12 所学校为教师做培训，其中两次，是用全英文授课的方式给外教做培训。

2019 年 9 月，我成立了"李嘉树父母课堂"，拥有了自己固定的工作室，在这个基地不断地开课。我累积开展了两天的系统课程共 65 期，3 小时专题家庭教育讲座共 138 场。

2022 年 1 月，我开始用线上授课的方式帮助更多家长。

我的故事就讲到这里，现在咱们来聊聊你手上的这本书。

在 7 年的探索中，我通过学习、咨询、教学，摸索出了提高注意力的有效方法。学员们用实践证实，这一方法论卓有成效。越来越多的家长、老师希望我写一本书，来帮助更多家长教育孩子。

于是，我从 2021 年 7 月开始写这本《高分专注力：孩子提分，抓好这 9 大场景就够了》，用 4 个月写完初稿，又用 5 个月的时间，将稿子打磨了 25 遍。

我把本书定位于"提分"，原因有二：

第一，孩子最容易注意力不集中的场景，就是"学习"，包括听课、做作业、测验等。孩子在学习时保持专注，实现做作业高效、听课专心、成绩进步，既解决了注意力问题，也实现了"提分"——学业进步的目标。

第二，"学习"是学生的主要任务，学业进步会带给孩子巨大的自信，学业落后会让孩子饱尝挫败。我非常反对"学习不重要，快乐最重要"的说法，因为学业落后的孩子写作业比谁都慢，睡觉比谁都晚，却长期落后、总挨批评，你说这有什么好快乐的？反过来，我也帮助很多孩子克服注意力不集中的问题，学业成绩取得巨大飞跃。当他们通过自己的智慧和努力取得进步，他们品尝到的何尝不是真正的快乐。

总之，学业进步既能提升孩子的能力，又对他们的身心健康有利。这是本书定位"提分"的原因。

交稿的那一刻，我内心很笃定，我对自己说：这本书一定能影响和帮助很多孩子。

关于这本书，我想对你说5句话：

1.这本书是我这7年来"学习+咨询+教学"的精华，没有大道理和心灵鸡汤，内容都是你看了就会、会了就能用、用了就有效的实操方法。

2.本书适合三类人：如果你的孩子注意力不太集中，你可以用书中的方法帮助他提高；如果你朋友家的孩子注意力不集中，你可以买来送给他；本书还特别适合老师，书中的方法也能在教学中使用。

3. 知识不用，等于没用。请务必把本书读完，然后根据自己孩子的情况挑一些方法去实践。

4. 如果你通过实践本书的方法，让孩子有了进步，请一定要告诉我。

5. 如果你觉得本书特别有用，欢迎你把它推荐给你在乎的人，为更多孩子和父母点亮一盏灯。

李嘉树

2022 年 4 月 15 日于上海

这是一本

建立在许多前辈智慧上的书

特别献给每一位父母

献给每一个可爱的灵魂

[目录]
CONTENTS

孩子注意力不集中，问题出在哪里

场景 1　孩子做事拖拉，作业写很久怎么办

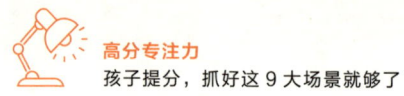

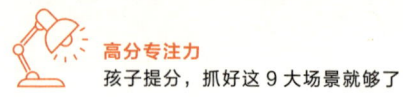

孩子注意力不集中，问题出在哪里

内容提要

　　孩子做事拖拉磨蹭、容易分心走神、小动作多、爱做白日梦、爱丢东西……这些都是注意力不集中的表现。有些孩子做自己喜欢的事情很专注，一到做作业就不专心，究竟是什么原因？孩子注意力不集中就得吃药吗？带孩子做运动、做训练有用吗？本章节将带家长一起认识注意力的本质，准确评估自家孩子的注意力水平，深度解析导致孩子注意力不集中的根本原因，解密提升孩子注意力的"最佳方法"和"黄金时期"。

一、提高孩子注意力，90%的人都做错了

冬冬妈妈正在单位上班，手机响了起来。她看到来电人的名字，心里一紧，赶快走出办公室接电话。这是冬冬的班主任打来的。

"最近冬冬在学校上课很不认真，几个任课老师都反映他上课又是走神又是发呆，还做小动作，玩铅笔盒发出声音，影响周围同学听课。还有，这两天他的作业质量也很差，字迹很潦草，错误率很高。你在家里要盯紧点，多教育教育。"

"哦，好好好，我一定多管管，晚上好好教育他！"

挂掉电话，冬冬妈长叹一口气，这已经是这周第三回了。

把冬冬接回家的路上，冬冬妈妈就忍不住数落了冬冬一通。没想到，回到家的事情更让她恼火，她发现冬冬的备忘录没有抄

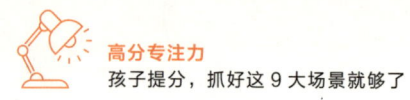
全，铅笔盒都忘在了学校里。"每天都要丢几样东西，这丢三落四的毛病怎么就改不了呢！"

"吃完晚饭自觉去写作业哦！"

"好！"冬冬说。

饭后冬冬妈妈去洗碗，回来后看到冬冬依然坐在沙发上看闲书。"怎么还没去！别磨蹭了！"

在妈妈的催促下，冬冬好不容易开始写作业。他的速度很慢，一会儿发呆，一会儿分心，一边还做小动作。

"专心点！""仔细点！"冬冬写作业过程中妈妈不断地提醒着。不知不觉已经快十点了，冬冬的作业还没做完，孩子哈欠连连，妈妈烦躁焦虑。

"唉，这样的情况每天晚上都要发生一次，他的同学们大多数在学校就能完成作业的！"冬冬妈妈非常无奈。

让冬冬妈妈烦扰的，就是孩子注意力不集中的问题。这是困扰许多中小学孩子和家长的普遍性问题。

孩子注意力不集中，孩子很痛苦！

他们也想做家长和老师眼中的好孩子，他们也想学得会、弄明白，他们也想取得好成绩，但是他们就是控制不住自己，他们是真的做不到。

这些孩子从早到晚坐在教室里，学习效率却很低下，一回家就被催促着抓紧时间做作业，最后磨磨蹭蹭到很晚，拖着疲惫的身子上床睡觉，第二天还没睡醒又被早早叫醒，日复一日、年复一年地辛苦学习，效果甚微，还换来无尽的批评、催促、挫败……

这样的孩子，如果不能解决注意力问题，通常会长期学业落后，内心饱尝挫败，有深深的无助感和自卑感。

孩子注意力不集中，家长也很痛苦！

他们要花大量的时间和精力督促孩子起床、洗脸、刷牙、洗澡、写作业……别的家长说一遍就行的事情，他们要提醒孩子好多遍。在这个过程中，家长难免会忍不住失控发怒，继而对孩子吼叫，甚至打骂，事后家长又内疚不已。此外，他们还要经常面对老师的告状，同学家长的投诉。最让人崩溃的是，他们虽然付出了超乎常人的努力，却看不到孩子向好的方面发展的希望。

1. 两分钟、九道题，准确测出孩子注意力

当你打开这本书，我就知道你一定对注意力问题感兴趣，很想知道自己孩子的注意力怎么样。我们不妨来做一个小测试，你

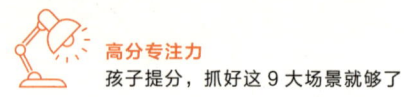

家孩子有以下这些表现吗？

① 写作业拖拉磨蹭，别的孩子在学校就能完成作业，自家孩子要做到很晚。

② 做作业必须有人在旁边盯着，上课需要老师反复提醒。

③ 很容易分心，周围一有风吹草动立即被吸引过去。

④ 小动作多，东摸西摸，一会儿玩铅笔，一会儿玩橡皮。

⑤ 自控力差，上课插嘴、不听指令，导致老师三天两头向家长告状。

⑥ 粗心大意，常犯低级错误。读课文时经常漏字，有时会跳到另一段；做数学题经常抄错数字、漏看题目，明明会做的题莫名其妙就做错；一个英语单词明明前面拼得对，到后面就拼错了。

⑦ 丢三落四，经常弄丢东西。今天水壶没了，明天笔袋丢了，家长千叮咛万嘱咐也没用，学习用品都得准备好几套。

⑧ 经常神游、发呆，仿佛沉浸在自己的世界里，好像在做白日梦。

⑨ 孩子自己很想做好，但就是管不住自己，实在做不到。

以上这些，都是注意力不集中的典型表现，如果孩子符合 6 条以上，家长就需要高度重视。

如果你的孩子注意力不集中，那就要积极寻找方法帮助他们，越快越好！不然牺牲的是孩子的未来和家庭的幸福！

2. 大人"病了"，凭什么让孩子吃药

很多家长问我："孩子注意力不集中，老师提醒我们要带孩子去医院检查，我们该怎么做？"其实，老师的意思是你该带孩子去医院看看孩子是不是有多动症。

多动症，全称为注意缺陷与多动障碍（简称 ADHD），是儿童、青少年发病率极高的心理疾病之一，全球发病率在 3%～5%，男女比例一般为 3∶1，一般每 30 个人的班级就会有 1～2 个多动症学生。值得一提的是，虽然名称中有"多动"二字，但动作过多并非多动症的必然症状。有一类多动症称为"单纯注意缺陷"，这类患者没有动作过多、冲动等行为表现，因此很容易被遗漏。

要判断孩子是否为多动症，只有去正规医院就诊才靠谱。许多家长好不容易约上医生，带着孩子请假就医，做了种种测评后，得到了"确诊多动症"的结果。这个时候医生通常会建议用药物治疗。

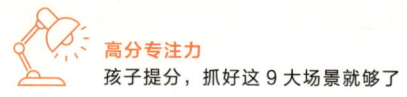

目前主流治疗多动症的药物，是中枢神经兴奋剂专注达，即盐酸哌甲酯控释片，它通过促进神经递质的释放，阻滞儿茶酚胺类神经递质的回收，从而加强大脑皮层的兴奋过程，减少多动症儿童的多动、冲动和攻击行为。它起效明显，但有副作用，常见的副作用为食欲减退、头昏、失眠、心悸、腹痛等，长时间用药会耐受。

专注达效果虽好，但药物的副作用和成瘾性让家长恐惧。更何况，专注达是兴奋剂，只能起到改善症状的作用，停药后就不再起效，并不能根治多动症。

那什么情况下孩子得吃药？目前医学界的主流观点是：轻度、中度多动症患儿，以加强教育为主，无须服药；重度多动症需要服用药物，使得孩子减少冲动行为，让孩子更容易管教。此时家长和老师要抓紧时机合理引导，帮孩子建立良好习惯，使其早日摆脱对药物的依赖。总而言之，药物只是起到"刹车"的作用，成年人的正确教育才是真正的"治本之法"。

然而，我在现实中看到很多这样的情况：老师认为孩子难以管教，于是让家长带孩子去看病；家长顶不住老师的压力，自己又教育不了，于是就让孩子吃药。明明是大人的教育问题，却让孩子小小的身体来承担后果。老师"病了"，让学生吃药；家长"病了"，让孩子吃药。多么荒唐！

3. "注意训练"隔靴搔痒，"运动疗法"劳而无功

许多家长想要提高孩子的注意力，又不想用药，便寄希望于非药物训练：有人买来许多注意力游戏书让孩子做；有人给孩子报名参加价格不菲的注意力训练课；有人让孩子跑步、跳绳、游泳……这些方法真的管用吗？

我们先来看一个例子。

假如你是一家企业的老总，正考虑为员工购买哪些培训项目。一堆培训计划书摆在你面前，有沟通、管理、效能等各个方面的。突然，有一份培训计划书吸引了你，封面上写着：智商培训！你好奇地翻开手册，里面写着："员工的各项工作能力都和智商有关。只要提高了智商，人的工作效率将显著提高，会给公司创造更多价值。本训练为期3天，对智力测验各种题型进行讲解练习，确保训练后员工在智力测试中的成绩提高30%。"

你作为老板，会给员工报名参加"智商培训"吗？

注意力训练和"智商培训"基于同样的逻辑。它假设在人的大脑中有一个叫作"注意力"的模块，用游戏、训练、运动等方法去锻炼它，再将注意力的提升"迁移"到生活的其他方面，因此孩子在生活中、学习中也会变得专注。

这一逻辑听上去很有道理。孩子做事拖拉磨蹭，经常分心、发呆，不就是因为注意力不集中吗？孩子通过训练提高了注意力，问题不就迎刃而解了吗？然而，结果却不一定如预想中那么理想。因为，这一假设中的关键因素——"迁移"，不一定能够实现。

我们用一项经典注意力训练举例：舒尔特表。它是一项经典的注意力训练，你可能也曾听说过。人们常这样形容它："飞行员都在用的测试，孩子用了成绩要'上天'！""宇航员都在用，孩子成绩不靠它靠谁？"

这么神奇的训练究竟如何开展呢？舒尔特表其实就是一个方格，以 5×5 表格为例，表格里有 1 ~ 25 的数字，需要孩子从 1 开始，依次指到 25，速度越快越好。

它的效用究竟如何？在许多大型讲座中，我做过这样的调研：多少人让孩子练过舒尔特表？现场有很多家长举手。我继续问："有谁家孩子原先注意力不集中，通过练习，提高了听课、做作业的注意力？"现场无人举手。

舒尔特表的确曾经被用来筛选、训练飞行员，为什么它对孩子没有什么效果呢？原来，"二战"时期的飞机有极为复杂的仪表，飞行员在夜间或海上飞行时，无法通过窗外的事物判断飞行姿态，此时飞行员需要快速依次浏览仪表盘，才能做出准确的判断。舒尔特表和飞行员浏览仪表的任务高度相关，因此对飞行员有效。然而，孩子在听课、做作业时不需要摇晃着脑袋找仪表，通过舒尔特表提高的注意力，无法"迁移"到听课、做作业上，因此它对孩子学习无效。

更何况，想要通过专业训练提高注意力，需要大量的时间和很高的强度。偶尔的练习根本无效。注意力不集中的孩子，原本就做作业慢、时间紧，根本没有时间来做高强度的注意力训练。

指望游戏、体育的训练效果"迁移"到学习上，就好像想要让孩子学会游泳，却不让他下水练习，只让他练俯卧撑，这根本不靠谱！

要想提高孩子的注意力，需要的不是精神类药物，不是"曲线救国"，而是直接、有效、快速的方法！

二、孩子玩游戏很专心，写作业总是走神：缺乏有意注意

经常有家长问我："李老师，我的孩子听课、做作业很不专心，但他玩乐高、看电视可专注了，好几个小时都停不下来，你说他注意力到底有没有问题？"

现实中有很多这样的孩子，当他们面临有要求、有难度的学习任务时，他们很容易分心，小动作不断，没一会儿就走神了。但当他们面对游戏机、玩具、课外书时，他们就会沉浸其中，心无旁骛，表现出高度的专注。这很容易让家长产生这样的错误推断："孩子的注意力没问题，是对学习缺乏兴趣和动力。"因为对问题的错判，家长继而使用威逼利诱、讲道理等方法，试图提高孩子的学习动机，结果往往收效甚微，还浪费了大量时间。

其实，以上这类孩子表现出的问题就是最典型的注意力不集中，为什么呢？

1. 注意力分两类：有意注意和无意注意

我每次去一个学校开展关于注意力的讲座，一定要做一个重要的科普。每次讲完这个内容，家长和老师都会恍然大悟。每次讲座后几个月，都会有听众发来信息感谢我：李老师，谢谢你教授我这个知识。

这个重要的科普知识，就是心理学把注意力分为两种：有意注意和无意注意。有意注意，也叫作主动注意，是指需要付出意志努力、排除干扰、主动保持专注的注意力。例如，背诵、计算、解题，都需要大量调动有意注意。孩子是否调动有意注意，有一个简单的判断标准——是否烧脑。因为有意注意的资源很有限，人们连续专注一段时间，大脑就会有疲惫感，所以这一过程一般维持不了很久。请家长回顾一下，你能连续背单词多久？我想，一般也就三四十分钟，你就开始疲惫，需要休息了。如果强行要求你不间断背诵，效率就会大大降低。这就说明，你在背单词时

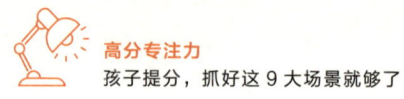
调动了有意注意。

与有意注意相对的另一种注意，叫作无意注意，也被称为被动注意。孩子特别感兴趣的、让人不由自主就被吸引的事物，如玩各种电子产品，调动的大多是无意注意。无意注意的典型特征是不耗能。例如，许多孩子看动画片一看就能看上半天，成年人躺在沙发里刷短视频停不下来，之所以能长时间保持专注，因为他们调动的大多是不耗能量的无意注意。所以，判断孩子调动有意注意还是无意注意，其实很简单：如果他能连续不断地进行，停不下来，基本上调动的都是无意注意；如果需要孩子主动地付出努力，则是有意注意。

两类注意分别由不同的大脑部位控制。研究表明，有意注意主要由大脑的前部系统（包括前额叶皮质）负责。这部分脑区发育最晚，负责高级心理机能。人较之动物更高级也是因为此。与之相对，无意注意则主要由大脑后部系统负责，是比较原始、基础的功能，更贴近本能反应。当然，无意注意并非不重要。我们生活中也有很多需要应激反应、先做后想的情形。可以说无意注意帮我们活下来，有意注意帮我们活得更好。

有意注意是人类最宝贵的资源。"一寸光阴一寸金"其实并不准确。时间本身并不创造价值，关键在于人如何在这段时间运用有意注意。同样 30 分钟，有人用来学习，有人用来发呆，有人用来刷视频、看电视，花费的时间一样，获得的体验和创造的价值大相径庭。

有意注意是人为数不多能掌控的领域，有意注意是人一生中最宝贵的财富，一个人如何运用有意注意，影响着他的一生。

2. 重新定义不专心：有意注意不足

知道了注意力分为两种，我们就很容易能够理解孩子"打游戏很专注，做作业总是走神"是怎么回事了。

打游戏时，孩子用的是无意注意，做作业、听课、考试等学习场景则需要有意注意。孩子注意力不集中，恰恰是有意注意不足，行为更多受到无意注意的支配。**有意注意不足，是注意力不集中的根本原因所在。**

有了这个定义，我们就能解释所有不专心的行为。比如，不专注的孩子一有风吹草动就被吸引，在听课时，同学的一支铅笔掉到地上，他就立马抬头去看。听到声响，不由自主地想要去看，这是无意注意，专心听讲需要有意注意，孩子的有意注意不足，就难以排除干扰，总是会被无意注意打断。

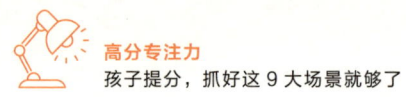

所以，那些各式各样的、引人注目的所谓"注意力训练"，它们更多是通过无意注意来吸引孩子的兴趣，然而我们要训练的是孩子的有意注意，做这些训练显然和我们的目标背道而驰。

知道了我们要训练的是有意注意，我们也能重新认识这一流行说法："孩子在专心做事的时候，千万别打断他！这会破坏孩子的注意力！"其实这种说法并不准确，要看孩子在做什么事。当孩子在做有意注意的任务，我们的确不该打断。例如，家长不要在孩子做作业时递上水果、不要在孩子写字时随时纠正等。然而，有些情况下家长需要打断孩子。例如，当家长和孩子约定只能看半小时电视，时间到了，孩子依然沉浸在节目中停不下来。这时候，孩子看电视属于无意注意，停下来才需要有意注意。家长需要让孩子坚定地停下来执行约定，这会锻炼孩子的意志力。与之类似，孩子正在玩玩具时需要起身和客人道别、孩子在吃饭时要放下手机……这些恰恰都是需要我们去定规矩的。

知道了注意力分"有意"和"无意"两种，家长的目标就明确了：孩子做作业拖拉、听课走神、学业落后，缺的就是有意注意。我们要重点训练的，就是孩子的有意注意。

三、家庭教育是有意注意不足的根源

知道了孩子不专心是有意注意不足惹的祸，许多家长有了新疑问：为什么我家孩子的有意注意和同龄人差一大截呢？

对于这个问题的答案，众说纷纭，有说生理因素的，有说营养不良的，有说感统失调的，有说电子产品导致的，还有说剖宫产导致的……我在做家庭教育工作期间接触了3000多个家庭，其中绝大多数家长都是因为孩子注意力不集中的问题找到我。我尝试去分析这些孩子成长历程的共同特征，以期抓住这个"大魔王"——导致孩子注意力不集中的真正原因。

随着调查的深入，一些因素，比如剖宫产、运动能力、电子产品首先被排除。我遇到的注意力不集中的孩子，有的是剖宫产，

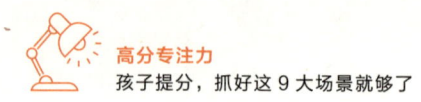
有的是顺产；有的从来不看电视，有的一看一整天；有的运动能力不强，有的是运动健将……还有一些因素也被排除在外，例如缺少微量元素。在上海这座大城市，孩子只会营养过剩，很少会营养不良。

正当我为找不到导致孩子注意力不集中的真正原因而沮丧的时候，一个令人感到意外的因素引起了我的注意，让我看到了"大魔王"的踪迹。我发现，这些注意力不集中的孩子和家长的互动有很多共性。通常，这些孩子的家长教育孩子的方式有以下两种。

1. "立刻照我说的做！"——专制型养育毁掉孩子的有意注意

"赶快过来写作业！"

"作业本拿出来，铅笔盒放这里，坐下来，动作快点！"

"手放好，背挺直！"

"专心点，字要写端正，别做小动作！"

"这个字怎么写得这么潦草？擦掉重写！"

这样的场景，你是否很熟悉？这种养育方式，就是专制型养育。一句话概括，就是要求孩子立刻、马上按自己的要求做。

专制型家长的做事风格可以总结为"三板斧"：明确目标，制订计划，坚定执行。这套方法用于自己身上固然没错，能提高自己的效率，增强行动力。然而，用到孩子身上就会出现问题。

因为，孩子有自主性需要，每个人都希望成为自己行为的主人，不愿意对他人唯命是从。家长的强权和命令通常会招致反弹：孩子可能会激烈对抗，也可能会消极对抗。看到孩子不照做，专制型家长更是焦虑、生气，继而用威胁、吼叫、惩罚等方法让孩子屈服。长期用这种方式对待孩子，会让孩子厌烦、恐惧，会导致亲子关系紧张。孩子小时候可能会因为害怕而听话，但进入青春期就会开始用叛逆对抗家长了。

据我观察，许多专制型父母，小时候也经历过专制型养育。曾有家长这样对我说："在有孩子的那一刻，我下决心一定不要像我妈那样。但现在我发起脾气来，分分钟我妈'附体'。"

专制型养育无法锻炼孩子的主动注意。因为孩子总是被动地接受命令，没有空间自主调动注意力完成任务。再加上，孩子因为讨厌被控制，也会连带着对家长逼自己完成的任务（通常是学习、弹琴等）充满厌恶。家长一旦不盯着，他们就如蒙大赦，报

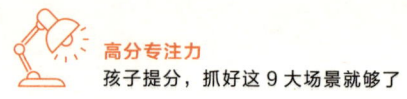

复性补偿。

专制型养育是"按着鸡头让鸡吃米"，看上去效率高，实际上孩子全程被动抵触，从没有机会主动集中有意注意，时间久了孩子不但注意力变得涣散，而且还会讨厌学习、憎恶家长、激烈反抗。

2."孩子开心最重要！"——娇纵型养育废掉孩子的有意注意

"孩子开心最重要，学习怎么样无所谓。"

"如果你好好学习，我就给你买一台游戏机。"

"说好了只玩 30 分钟，怎么还没结束呢？好了，最后 5 分钟哦！"

"作业怎么又忘了？算了算了，我给你送过来，下次一定要注意哦！"

这些话语透露出的养育风格，就是娇纵型养育，也被称作溺爱、宠溺……如果说专制型养育重视"听我的"，娇纵型养育则重视"听孩子的"。采用娇纵型养育的家长一般有以下这些典型特征。

（1）佛系心理

对孩子的要求过低（低于同龄人），即使孩子各方面表现落后，他们也抱着静待花开、孩子开心就好的佛系心态。

（2）缺乏边界，制定的规范不执行

当孩子违反规则，打破承诺，在公共场合大喊大叫，这些家长也不加以制止，认为"孩子都这样""这就是孩子的天性"。或者制定了规则，却总是打破。约定好10点30分关掉电视，到点了，孩子说："再给我5分钟，这集看完！""再给我看一会嘛！"家长也会纵容。

（3）极力回避冲突

孩子犯了错，家长可能威胁几句，不会坚定地要求孩子做什么，可能会说"警察叔叔把你抓走了"，这本质上是怕和孩子发生冲突，在回避问题。

（4）包办代替

帮孩子做很多，不让孩子吃苦。有些家长，自己活得很有价值感，认为自己为孩子"付出了很多"，实则是剥夺了孩子锻炼有意注意的机会。

家长采用娇纵型养育的方式，可能有这些原因：老来得子，或是因为孩子曾经生重病，见不得孩子吃苦。

娇纵型家长把人际关系的和谐放在首位。这可能源于他们童年经历中对冲突的恐惧，例如，曾经有过父母吵架、被抛弃、寄人篱下等经历。这些痛苦的烙印塑造了娇纵型家长这样的价值观：他人的感受好，我才是安全的。在生活中，他们很能照顾他人的情绪，有亲和力，能接纳和包容，善于协调人际关系，能和人打成一片。教育孩子时，他们宁可委屈自己，也要满足孩子。然而，家长如果只看重当下的感受和关系，依然是短视的教育。长期娇纵孩子，会造成孩子以自我为中心、缺乏规则意识。由于长期待在舒适区里，孩子的有意注意就得不到训练。

娇纵型养育剥夺了孩子锻炼有意注意的机会。锻炼必然是痛苦的，娇纵型家长看重当下的愉悦，让孩子沉浸在低级的舒适区，虽然让他们避免了痛苦和不适，但也剥夺了孩子体验"风雨后见彩虹"的高级快乐。

我很喜欢这样一句话：有一种爱，是为了分离而准备的，这就是父母对孩子的爱。娇纵型家长和专制型家长犯了同样的错误：只看眼前，不看未来。娇纵型家长只看重当下的爱和关系，却忽略了未来孩子踏入社会后，需要有足够的能力和磨炼才能适应社会并获得幸福。专制型家长只看重当下的效率，每天背多少单词、做多少练习，却打击了孩子的主动性。他们忽略了孩子早晚要独立学习，自己没法永远逼着孩子。

另外，有的家长一会儿专制，一会儿娇纵，俗称"打一打，揉一揉"。也有的家庭中，父母双方一个专制，一个娇纵，也就是"一个唱红脸，一个唱白脸"。不论家长怎样"取平衡"，孩子非但没有提高注意力，反而学会了看脸色、钻空子。

在与3000多个家庭进行了访谈之后，我发现孩子注意力不集中，他们的家长要么采用的是专制型养育，要么采用的是娇纵型养育，要么就是在专制和娇纵之间变换。

这两种不当的家庭教育方式，就是导致孩子不专注的"元凶"！

3. 错误养育许多年，孩子的有意注意落后一大截

为什么家长采用专制和娇纵的方式来养育孩子，孩子就会注意力不集中呢？

前面讲过，注意力不集中特指有意注意不足。有意注意就像肌肉一样，越锻炼越发达。那些注意力不足的孩子，就是因为有意注意长期缺乏锻炼，患上了"注意肌肉萎缩症"。

那又是什么导致他们的注意肌肉缺乏锻炼呢？

有意注意的本质是主动付出意志力。它有两个关键点：一是

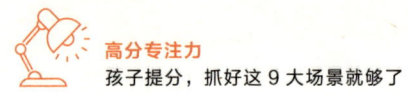
主动性，二是意志力。专制型养育忽视了孩子的主动性，孩子在家长的压迫下拨一拨、动一动，完全处于被动状态，并没有锻炼有意注意。娇纵型家长只看重孩子当下的舒适，没有让孩子付出意志力，走出舒适区，也没有锻炼有意注意。

我们把父母比作驾校教练，专制型父母就好像教练一直对你吼叫着发指令："往左一点！往右一点！踩刹车！"你步步盲从，但只要他不在你就不会开。娇纵型家长则是让你想怎么开就怎么开，最后也没能学会。孩子在 0 ～ 6 岁的阶段，家长就是他们的教练，父母长期用专制和娇纵的方式对待孩子，孩子的有意注意一直没有得到训练，等到他 7 岁进入小学时，有意注意当然比同学差一大截。

四、培养孩子的有意注意的最佳方法

　　既然不当的养育方式是导致孩子注意力不集中的罪魁祸首，那么反过来，只要家长用科学的养育方式，就能在生活中锻炼孩子的"注意力肌肉"。

　　自 2018 年起，我开办"李嘉树父母学堂"，指导家长学习科学的养育方式，同时协助他们在孩子身上实践，既解决各种各样的育儿问题，又从中培养孩子的有意注意。大量家长通过学习帮助原先注意力落后的孩子回到正常水平。有些家长的孩子，被医院确诊为重度多动症，家长经过学习，用恰当的方式引导孩子，让孩子从班级末尾升到中等水平，获得了极大的自信。有的孩子进入小学后无法完成作业，天天被老师留堂，家长经过学习后，用合理的方式引导孩子，孩子每天都能够在校完成任务，得到老师的表扬。也有许多家长，孩子原先做作业到凌晨一两点，家长掌握了恰当的教育方式后，让孩子和其他同学一样，能快速、高质量地完成作业……随着一个个孩子取得进步，获得自信，我更进一步地坚信：帮助孩子最好的方法是协助家长，让家长成为教育自己孩子的专家。

下面，我将着重讲述我的注意力训练方法论。

1. 学习和提分就是最好的注意力训练场

注意力不能"迁移"。游戏、运动、注意力训练，这些都是"曲线救国"，就好像做俯卧撑没法让人学会游泳一样。

要学会游泳，就得下水。

要学会骑车，就得上车。

要锻炼孩子的有意注意，就得找到孩子最难专注的情形。

哪些情形下家长最容易抱怨孩子注意力不集中？做作业拖拉磨蹭、上课分心走神、丢三落四、上网课时偷偷打游戏……这些情形都和学习有关。家长就要以这些情形为训练契机，每个阶段重点解决一个问题。当孩子学习进步了，提分了，受到老师的表扬了，家长和孩子都会收获莫大的自信心和成就感，下一阶段的引导也将更加容易。

总而言之，最有效的注意力训练，就是聚焦学习，志在提分！"在哪里跌倒，就从哪里爬起来"，让能力提高和学业进步比翼齐飞，让进步和成果化为无穷的动力。

2. 提高注意力的三大黄金机遇期

总有家长问我："现在提高孩子的注意力，还来得及吗？"

究竟什么是提高孩子的有意注意的最佳时机呢？

（1）越早越好

掌握恰当的养育方式，自然是越早越好。如果在孩子刚出生，或者孩子3岁前，家长就已经意识到这个问题，开始有意地去锻炼孩子的"注意肌肉"，引导孩子提升专注力、自控力和解决问题的能力，当然能更好地提高孩子的有意注意。我有许多家长学员，在还没有孩子的时候就来上课学习，提前做好准备，令其他家长很是羡慕。

（2）3～6岁

3～6岁是家长协助孩子提高有意注意的绝佳年龄段，许多家长在孩子幼儿园阶段开始重视注意力问题。幼儿园阶段时，家长能得到老师的反馈，能把孩子和同龄人比较，孩子也会遇到很多需要调动有意注意的任务，例如跳绳、拍球、收拾玩具等，这些都是实践有效养育方法的好机会。家长在孩子幼儿园阶段充分做好训练，将为孩子的幼小衔接打下坚实的基础。

（3）小学阶段

到了小学阶段，孩子开始有了学习任务，计算、抄写、背诵、作业、时间管理……这些都是训练孩子有意注意的绝佳机会。一方面，在这个阶段，孩子大脑的可塑性强，训练起效明显，他们也愿意接受家长的引导和帮助。另一方面，小学老师会和家长保持密切、频繁的沟通，家长也能更清晰地了解孩子在校的表现，在这一阶段让落后的孩子赶上大部队，让中等的孩子取得领先，是极为重要的。

随着孩子进入初中，开展注意力训练就变得相当困难。一方面，孩子步入青春期，他们听不进家长的指导和意见，往往回到家关上门自己做作业，家长很难有机会进行干预。另一方面，初中学业任务难度高、强度大，孩子的自由时间很少，很难腾出时间让家长施展拳脚，所以即使孩子愿意接受家长的引导，结果也往往不尽如人意。

孩子学钢琴、学语言都有"敏感期"，注意力也是如此。0 ~ 3岁、3 ~ 6岁和6 ~ 10岁，就是训练孩子注意力的三大黄金时期。家长一定要赶在窗口关闭前掌握正确的教育方式，将日常生活当成最好的注意力训练场，做孩子最好的注意力培训师。

3. 训练有意注意的两大核心准则

我们前面说了锻炼有意注意的错误养育方式：娇纵和专制。

那么问题来了：正确的方法是什么？家长需要怎么做，才能帮助孩子锻炼有意注意呢？**有效的家庭教育，要符合两个标准：温柔且坚定。**

（1）坚定：用要求和边界让孩子付出意志努力

首先，是对孩子有要求。提出一些有挑战的要求，让孩子离开舒适区，这样才能锻炼他们的有意注意。教育要走在发展前面，如果总是让孩子顺着天性发展，那是家长的失职。当家长提出有挑战的要求，孩子需要付出意志努力才能达到，虽然开始时会有不情愿，过程中会有挫败和痛苦，但这样才是对有意注意的有效训练。当然，家长提出的要求要让孩子"跳一跳够得着"，当孩子达到目标后会获得更强的成就感。如果要求过高，孩子感到自

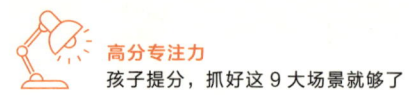

己永远也达不到，则会让孩子倍感绝望、崩溃。

其次，要有清晰的边界。如果对孩子提出多而杂乱的要求，让孩子无所适从，那么最后孩子通常一条都做不到。要求要少而清晰，同时非常具体。例如，给孩子零花钱，每周不超过 30 元，只能在门口小店买。这就很清晰。孩子是不是买重复，买的东西是不是家里有，钱是不是第一天就花完，家长都不要过多干预。

（2）温柔：用爱和自由调动孩子的主动性

有爱，代表孩子是安全的，亲子关系是和谐的。简单来说，就是在锻炼有意注意时，孩子不恐惧，家长不生气。在合理的引导下，孩子的情绪状态是这样的：起初，他会因为挑战而不适，但维持在一定范围内。他会烦躁，但不会愤怒，他会紧张，但不至于恐惧。过程中，他会享受到高度专注的新体验，获得愉悦感。结束后，他会因为进步而有成就感。

所谓自由，就是家长在目标上保持坚定，方法上充分赋权，让孩子有充分的自由。 因为孩子拥有自主和自由，他们需要主动去思考如何达到目标，而非被动执行命令。只有孩子主动调动意志力，才能锻炼其有意注意。也恰恰因为孩子有主动性和自由度，当他们经过努力达成目标，取得进步时，也会获得莫大的成就感。通常，当家长采用温柔而坚定的引导方式，最后孩子达到目标的方法并不是家长提前想好的（这是专制，孩子全然被动），也不是全听孩子的（这是娇纵，孩子没有进步），而是孩子和家长共创的。举个例子。

我有一位家长学员，他的孩子读三年级。一次体检过后，医生建议他给孩子补充一些DHA。这里要介绍一下他的家庭情况，他是做海产品生意的，身上一直有股鱼腥味。孩子从小对这种鱼腥味特别反感，以至于抗拒吃鱼，长期偏食导致缺乏DHA。为了让孩子补充DHA，爸爸给孩子买了鱼肝油胶囊。但孩子马上觉察到胶囊的鱼腥味，对此非常排斥。爸爸又是讲道理又是谈条件，还是没有效果，于是向我求助。我教了这位爸爸一些方法。

爸爸回到家和孩子展开沟通。首先，他坦诚地询问孩子："我发现，你对吃鱼肝油胶囊特别反感，能跟我说说原因吗？"孩子说："我特别讨厌鱼的味道，你又不是不知道！"爸爸说："但是鱼肝油在胶囊里面，你直接吞下去，应该是没有味道的呀！"孩子道："我当然知道，但是这个胶囊特别大，我直接吞下去会很难受，所以只能咬开。有几次我尝试直接吞，但是没过一会儿喉咙里也会有难闻的味道反上来。""哦，原来是这样啊。"这些信息，以前爸爸没有机会了解，他又说，"我们要补充DHA，这是医生的建议。

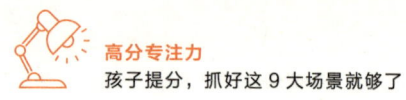
我们现在要寻找方法，怎样让你吃着不难受，又能补充 DHA 呢？"孩子道："那还能有什么方法？我反正不想吃。"爸爸解释道："我们要想办法，既能补充 DHA，又能让你不难受。我目前想到两个。第一个方法是你可以用酸奶把胶囊吞下去。另一个方法是我们去买别的补充 DHA 的营养品，比如说我知道海藻油也能补 DHA，并且没有鱼腥味。"

孩子感受到爸爸真诚地为他着想，便和爸爸一起寻找办法，于是自己上网搜索。首先，他排除了海藻油的选项，因为他发现这很贵。不过，这次查询他有一个意外发现：网上有卖小颗粒的鱼肝油胶囊。爸爸立刻买了回来。然后，他查到舌头各个部位对味觉的敏感度是不同的，经过亲身试验，他发现，把胶囊放在舌根，再用酸奶吞服，就一点也感受不到难闻的味道。就这样，孩子便再不排斥吃鱼肝油胶囊了。

在这个案例中，家长树立并保持了清晰的界限：要补充 DHA。同时，他又充分赋予孩子爱和自由，充分倾听孩子的困难和需要，赋予孩子自主选择的权利。最后，孩子自己调动了积极性，寻找到了解决问题的办法。

做到和善与坚定并行，有两个显著的好处。

第一，能充分锻炼孩子的能力。在案例中，孩子深度思考、探索如何解决问题，不仅锻炼了有意注意、解决问题的能力，还学会了平等沟通、与人和谐相处的能力。

第二，有助于家长放手。因为了解孩子的需求，帮助孩子寻找到有效的方法，这无形中也给孩子提供了一种思维方式。之后再遇到难题，孩子能自主坚持完成，不需要家长反复督促。

家长每次使用这样的引导方式，都是对孩子进行了一次有效的注意力训练。做到这两条，你就是孩子最好的注意力训练师。

在接下来的篇章里，我会列举九个学习场景，告诉你该如何在这些情形下帮助孩子提高注意力。你只需要用书中的方法教育孩子，就能引导孩子克服困难，取得进步，你就能看到孩子提分后灿烂的笑容，享受到和谐亲密的亲子关系。如果你准备好了，就继续往后翻吧！让我们一起踏上这趟亲子共同修炼的旅程！

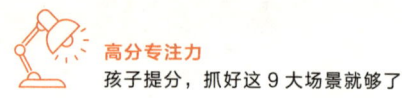

本章总结

1.注意力分为有意注意和无意注意两种，前者是需要努力才能维持的注意力，如听课、写作业；后者是不由自主被吸引的注意力，如玩游戏、看电视。我们要重点训练的是有意注意。

2.错误的养育方式是导致孩子有意注意不足的罪魁祸首。父母长期采用专制和娇纵的方式养育孩子，导致孩子的有意注意没有得到充分锻炼，注意力因此落后于同龄人。

3.提高孩子的注意力，就要聚焦学习场景，让粗心的孩子变得仔细，让分心的孩子变得专注，让拖拉的孩子变得高效，让落后的孩子提升成绩。

扫码添加作者的公众号，回复"高分专注力"，即可获得"高分专注力全套落地工具"。

孩子做事拖拉，作业写很久怎么办

内容提要

　　有意注意不足的孩子，都有个共性特点——慢。

　　别人家的孩子在学校就能做完的作业，自家孩子总要做到很晚。孩子就像一个"拨一拨、动一动"的小闹钟，写作业要父母"三催四请"，每天都拖拉磨蹭到最后一刻，被家长催促着完成……这样拖拉，学习成绩怎么能好？

　　其实，让孩子动作快起来有两个要素：激发动力，锻炼能力。本章带家长学会具体有效的方法，让孩子主动形成时间观念，学会合理安排作业顺序，用简单的"开—估—记"三部曲就能让孩子主动提速，做时间的主人。

一、应对拖拉磨蹭，要用激发有意注意的方法

要让孩子提速，家长首先要停下三件"无用功"。

说它们是"无用功"，因为它们没法让孩子在家长不盯着的情况下动作快起来。

但讽刺的是，它们却被许多家长当作"撒手锏"和"传家宝"，不仅自己总是用，还要推荐别人用。

它们究竟是什么？

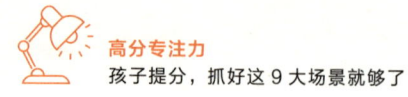

1. 催促：家长越催，孩子越被动

"快点起床穿衣服！再不抓紧就要迟到了！"

"都吃了半小时了，怎么还没吃完？赶紧的！"

"作业怎么才写这点？赶快写！还有半小时要睡觉了！"

"书包怎么还没理好？动作快点！"

催促、唠叨，几乎是每个家长面对孩子拖拉的问题时都尝试过的办法。一方面，它真管用，因为效果立竿见影：家长催孩子几句，他们的动作的确会比原来快一些。但是，经常催孩子的家长都会发现：只要家长不催，孩子依然我行我素。

因此，催促短期管用，长期来看无效且有害，原因有三：

第一，催促只是让孩子被动提速，家长催一催，孩子动一动，根本上没有调动孩子的有意注意，孩子也没有学到任何时间管理的技巧，而这些才是解决拖拉问题的关键。

第二，家长催促多了会让孩子形成"催促依赖症"，养成"家长喊了我才开始做"的毛病，也就是俗称的"拨一拨才动一动"。

第三，所有孩子都对催促反感。家长催孩子，会让他们陷入两难境地：听你的吧，孩子心里憋屈；不听你的吧，孩子也知道没有好果子吃。年龄小的孩子可能出于恐惧行动起来，但随着年龄增长，孩子会逐渐出现抵触、对抗的情绪。

催促是饮鸩止渴，催促带来的提速都是假象，只要家长不盯着，孩子就变得更慢。催促还会埋下依赖和叛逆的种子。千万别再催你的孩子了！

2. 控制：为什么时间计划表不管用

时间计划表，很多家长可能都用过。即使没用过，你也一定听过时间计划表：把孩子每天要做的事情一项项地列在表格上，每个项目都标注好起止时间，要求孩子照章执行。

	时间	内容
上午	8:00 ~ 8:30	起床 / 洗漱 / 整理床铺
	8:30 ~ 9:00	吃早饭
	9:00 ~ 9:30	早操（户外晨练）
	9:30 ~ 11:00	练习　写字 / 算术 / 英语
	11:00 ~ 11:30	看动画片 / 游戏
	11:30 ~ 12:30	吃午饭 / 帮助做家务

（续接上表）

	时间	内容
	12:30 ~ 14:00	午睡
	14:00 ~ 15:40	游泳 / 阅读故事书 / 吹口风琴
	15:40 ~ 16:00	吃点心
	16:00 ~ 17:00	练习　玩玩具 / 画画 / 做手工
下午	17:00 ~ 17:30	运动　踢球 / 拍球 / 跳绳
	17:30 ~ 18:00	吃晚饭 / 帮助做家务
	18:00 ~ 20:00	外出运动 / 玩电脑
	20:00 ~ 20:30	洗澡 / 吃点心
	20:30 ~ 21:00	看动画片
	21:00 ~ 21:50	阅读故事书
	22:00	熄灯睡觉

　　然而，使用计划表的家长，最后几乎都以失望告终——没有哪个孩子能连续多天严格执行，更别提能自觉给自己制定计划表了。原因究竟是什么呢？

　　首先是控制。使用时间计划表的目的，就是让孩子照章执行，它的本质就是控制。没有人喜欢被操纵，更别提天天都按同样的流程生活，这滋味简直和"囚犯"没有分别。孩子很快就会感受到这一点，不愿乖乖就范。

其次是僵化。每件事情需要多久去做，是无法提前预知的。如果把每分钟都提前规划好，只要有一项任务没有按时完成，就会导致计划全乱。

最后是压抑。时间计划表只是让孩子被动地照章执行，没有真正锻炼到孩子安排时间的能力，他们没有成就感和积极性，因此也就没有持久的动力。

学会时间管理，我们要引导孩子主动地规划时间，在制订计划时保持一定的弹性和灵活性，还要让他们体验到成就感和自豪感。而时间计划表完全做不到这些。

在时间计划表光鲜亮丽的外衣下，隐藏着的是控制、僵化、压抑的本质。这样的方法，趁早别用！

3. 施压：倒计时让孩子精神紧张、敷衍了事

"这点作业，你只要认真做，一小时肯定能写完的！我给你定一个计时器，铃响前把作业做完！"

"9点前把作业做完，洗漱、睡觉！"

"下午3点前做完作业，要不就别出去看电影了！"

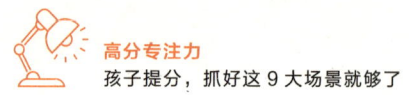

许多家长要求孩子必须在规定时间内写完作业，甚至用惩罚和倒计时来增加孩子的紧迫感。然而，这也不是什么好方法。原因有二。

（1）写作业的时间无法预估

一般来说家长都是站在自己的角度，一拍脑袋估算孩子完成任务需要的时间。即使家长参考其他同学的耗时，但同样的作业对不同人来说难度不同，注意力不一样的孩子速度也不同。因此，家长确定的目标时间既不合理，也无法培养孩子的时间管理能力。

（2）时间管理难以执行

孩子如果没有按时完成，家长通常也不能把他们怎么办，还是得回到催促、唠叨的老路上，让他们慢慢把作业写完。有些家长会用"做不完就不去看电影了"这样讲条件的话语来威胁孩子，结果给孩子带来巨大的心理压力，促使他们为了达到目标而潦草完成。久而久之，孩子非但没有培养出时间管理的能力，反倒养成敷衍了事的坏习惯。

当家长要求孩子用某种方式管理时间，不妨先问问自己："我会用这种方法管理时间吗？"我们将心比心，自己在被催促时也会紧张、反感，在工作时如果放一个倒计时器也会抵触，我们也不会把一天时间精确到每分钟。

　　催促、计划表、倒计时都是家长对孩子进行外在施压，并没有调动孩子的有意注意。这就好比你的汽车燃油耗尽跑不动了，你只是下来推车，而不去给它加油，你说能坚持多久？

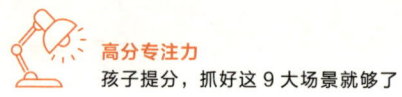

二、让孩子主动形成时间观念

看到这里，你也许要问了："要让孩子提速，不能催、不能计划、不能倒计时，那我还能做什么？"

汽车没油了，我们不能只是下来推车，而要给它加油，让它自己跑起来。

怎么给孩子"加油"呢？**提高孩子的时间管理能力。**只有让孩子增强时间观念，家长才能实现逐渐放手的目标。

管理时间的前提是认识时间。家长要做的第一步，是让孩子思考时间，对时间多多投入有意注意。可以从以下几个方面着手。

1. 选对计时工具——指针钟

能计时的工具五花八门，但给孩子选一个计时工具需要谨慎思考。下面这些，都不适合让孩子使用。

① 沙漏。沙漏只能倒计时，并且很不精确，它是古人简陋的计时工具，如果越古老越有用，为什么不让孩子去看日晷呢？

② 手机。孩子写作业时最好离手机远一点。手机对孩子诱惑太大，而且一有新消息就会震动、出声、亮屏，很容易让孩子分心。

③ 智能音箱。智能音箱可以和孩子对话，会让孩子过度分心。同时，音箱太过智能，孩子需要的思考就少了，不利于他们建立时间观念。

④ 定时器。上发条的定时器（例如番茄钟）只能倒计时，功能上和沙漏一样。

工欲善其事，必先利其器。孩子要管理自己的时间，首先要学会使用人类的伟大发明——**时钟**。好的时钟，符合以下这些特征。

① 指针时钟：一定要为孩子买指针钟，而不是电子钟。孩子看见指针划过的范围，可以形象地看到时间流逝，这对培养时

间观念更有利。最好有秒针，因为很多孩子喜欢仪式感，秒针指到整点才开始。

② 大小合适：过小的钟孩子看不清，太大的钟占地方，家长买一个直径约为 10 厘米的台钟最为合适。

③ 刻度清晰：时钟的每分钟都要有刻度，不能只有整点刻度。钟上要有阿拉伯数字，而非罗马数字。

④ 朴素简约：为了避免孩子分心走神，钟上不要有花里胡哨的卡通图案，也不需要秒表、计时等复杂功能。

 小贴士　　　家长提前和孩子说清楚钟的要求，带着孩子去商场选一个。孩子对自己选的，更会郑重对待。

2. 教孩子认识时钟

有了钟，自然要学会认钟。怎样才算认钟？就是家长把时钟拨到任何一个时刻，孩子能准确说出现在是几点几分。要做到这一点，需要练习以下三步。

（1）认识时针和分针

刚开始教孩子认钟，可以先忽略秒针，只需要认识时针和分针。可以告诉孩子：短的是时针，长的是分针。分针走一圈，时针从一个数字走到下个数字，就代表过了一小时。

（2）认识整点和半点

当分针指向"12"，时针指向什么数字，就是几点整；如果分针指向"6"，时针在两个数字中间，哪个数字小，现在就是几点半。

（3）说对几点几分

当时间不是整点和半点，分针的刻度是多少，现在就是几分；时针介于两个数字之间，哪个数字小，现在就是几点。孩子认钟特别困难的时间点，是分针即将到整点的那些时刻，如 7 点 55 分，因为时针和下一个数字很接近，孩子很容易认作 8 点 55 分。所以家长可以让孩子多多练习认识这类时刻。

小贴士

家长根据以上三个步骤，结合网络视频，就可以很快教会小学一年级的孩子认钟。如果孩子年龄还没有到，可以先教他们区分时针和分针，或者认识整点和半点。

3. 让每次提醒变为时间观念的训练

许多家长在催促孩子的时候，很少给孩子准确的时间信息，使用的都是模棱两可的语言，如"早点开始写作业！""快点穿衣服，马上就要迟到了！"孩子并不知道"早点开始"是什么时候开始，也不知道"马上就要迟到"是过多久会迟到。

正确的做法是，每次提醒都要让孩子对时间有思考。方法有二。

（1）用准确时间提醒孩子

家长在提醒孩子加快速度的时候，要准确说出时间。例如：

"我们说好 7 点开始写作业，现在已经是 7 点了，我希望你立即开始。"

"为了准时到校，我们最晚 7 点 30 分出门，你还有 5 分钟时间做准备。"

用具体时间提醒孩子，让孩子能够清楚地知道怎么做，同时也培养了孩子对时间的感知。

（2）用询问锻炼孩子的时间观念

家长也可以用提问的方式让孩子主动思考，例如：

"我们约定 7 点开始写作业，现在几点了？"

"为了准时到校，我们必须 7 点 30 分出门，现在还剩多久？"

询问可以有效地引发孩子的主动思考，引导孩子多多对时间投入有意注意，这会让每次提醒都变成一次时间管理的训练，潜移默化地增加了孩子对时间的感知力。

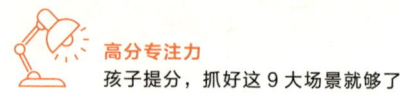
三、教会孩子排序，让他们做时间的主人

　　教会孩子给事情排序至关重要，它能起到两个作用。一方面，给予孩子安排自己做事顺序的权利，会让他们感到自己能做时间的主人，这可以充分激发孩子的积极性。另一方面，让孩子学会合理地为事情排序，也能最有效地运用自己的有意注意，达到事半功倍的效果。

　　教孩子排序，可以先从日常简单的事项开始，之后再教孩子如何给学习任务排序。

1. 让孩子做一张待办事项清单

家长可以把孩子日常生活中要做的事情列出来，让孩子决定先做什么、后做什么。这样的机会有很多，例如：

家长和孩子一起买菜，告诉孩子今天要买的所有东西，让孩子决定先买什么、后买什么。

让孩子想一想睡前要做的准备工作，包括：刷牙、洗脸、洗澡……让他自己安排先后顺序。

带孩子去公园玩，让他想一想今天要玩哪些项目，例如：坐船、坐摩天轮、喂金鱼……排好顺序后记下来。

在具体实施的时候，可以遵循以下三步。

（1）列事项

让孩子思考并列出所有待办事项。可以让孩子自己写下来，如果孩子太小不会写字，也可以孩子说一样，家长记一样。如果孩子不认字，家长可以画一画。孩子有时会想很久，他们苦苦思索的过程也是在锻炼有意注意，所以家长要保持耐心，等孩子全部说完再做补充。

★举例：家长让孩子思考，从起床到出门有哪些事情要完成？孩子会说：刷牙、穿衣服、吃早饭、洗脸。

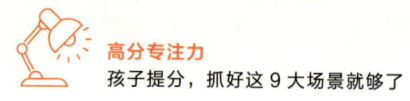
（2）排顺序

让孩子把列出的所有事项排好顺序，确定先做什么，再做什么。孩子一边说，家长一边在事项旁边写上序号。排序时家长要把权力完全交给孩子，除非孩子排的顺序有严重错误，例如孩子说晚上先刷牙再喝酸奶，否则家长不用进行提醒。

★举例：孩子把出门前的准备工作排好了顺序：穿衣服、刷牙、洗脸、吃早饭。

（3）做记录

让孩子根据安排好的顺序，依次把待办事项写下来。如果他们不认字，家长可以用画画的形式制作一张顺序表。完成一项，可以让孩子在后面打一个钩，这会让孩子很有成就感。

小贴士

清单上尽量不要有时刻，最多只能写第一件事情开始的时刻，例如几点起床、几点出门。家长千万别写上做每件事情的时间，不然又会变成精密操控的时间计划表。

有了这个工具，你以后再不用催促孩子："该刷牙啦！快点洗澡！"只需要问问孩子："在你的清单上还有什么事情要做？"

学会这一招，孩子会变得积极主动，家长也省力省心。

2. 好钢用在刀刃上——让孩子把有意注意留给重要、困难的事

你有没有碰到过这样的难题？

让孩子安排作业顺序，他们总要先做简单的，把最难啃的"硬骨头"放在最后。结果总是因为时间太晚，没有精力做好那项困难的作业。

家长究竟该怎么做呢？

（1）把作业分为三类

告诉孩子，作业可以按照难度和重要性，分为以下三类。

① 重要又困难：例如数学试卷、应用题、作文等。

② 重要但不困难：例如抄写、背单词等。

③ 不重要也不困难：如朗读、预习等。

每个孩子情况不同，对有些孩子来说，数学试卷是困难的，英语阅读很简单，但对另一些孩子可能正好相反。家长可以引导孩子根据自己的情况，把作业按难易程度进行划分。

为了让分类更加直观有趣，还可以让孩子给不同类别的任务

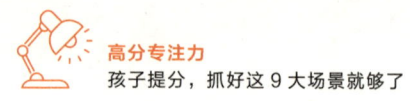

赋予不同颜色的标签。例如，小红把重要又困难的作业称作红色任务，重要但不困难的作业称作黄色任务，不重要也不困难的作业称作绿色任务，下面是她对今天作业的分类。

① 作文 1 篇。（红色任务）

② 背诵单词 10 个。（黄色任务）

③ 朗读课文 3 遍。（绿色任务）

④ 做数学练习册。（黄色任务）

（2）教会孩子"要事第一"

告诉孩子作业排序的原则：**先做重要又困难的作业，再做重要但不困难的作业，最后做不重要也不困难的作业。**

之所以这样安排，是因为刚开始做作业时，孩子的有意注意十分充沛，最适合去做重要而艰巨的任务。随着时间的推移，有意注意会渐渐消耗，但应对那些难度不高也不太重要的任务却绰绰有余。

例如，小红可以这样安排作业顺序：

① 作文 1 篇。（红色任务）

② 背诵单词 10 个。（黄色任务）

③ 做数学练习册。（黄色任务）

④ 朗读课文 3 遍。（绿色任务）

家长只需要确保孩子按照先难后易的原则排序，每一类中的作业顺序可以完全交给孩子决定。例如，小红也完全可以先做数学练习册，再背单词。这样一来，孩子既掌握了"要事第一"的原则，也掌握了安排作业顺序的主动权。

家长学会这一方法，不仅能让孩子迅速完成作业，还能让他们养成终身受益的好习惯——要事第一。赶快行动起来吧！

四、"开—估—记"大法：让孩子主动抓紧时间

要让汽车跑得快，再用力地推车，也抵不过把它发动起来。

要让孩子动作快，再严厉地施压、催促，也抵不过激发孩子的主动性。

具体怎么做？参考以下三部曲。

1. "开"：确定启动时刻

别再对孩子说："一小时内一定要做完！"多久做完一件事，我们是无法预知的。但什么时候开始做一件事情，是我们可以掌控的。孩子没法保证一小时内肯定做完作业，但我们可以和孩子约定几点开始做。

与孩子一起约定开始时间，可以通过以下三个问题来做。

（1）几点开始做?

家长可以给孩子定一个时间范围，让孩子自己选择开始时间。

（2）现在到开始时间有多久?

让孩子主动思考，培养时间感知能力。

（3）你怎么知道开始时间到了?

让孩子自己想办法，设闹钟或番茄钟提醒自己。

通常经过以上三个问题，让孩子充分思考、准备，他们都能准时开始。即使偶尔忘了，家长只需要站到孩子身旁，指指时钟，就能让他们启动。

2. "估": 预估完成时间

在开始做作业之前，家长可以这样问孩子:"你预计需要多久完成这份作业?"让孩子估算一个时间，并且让他们写下来，用于和实际完成时间做对比。

家长一定要清楚，让孩子预估时间，不是让孩子必须在这个

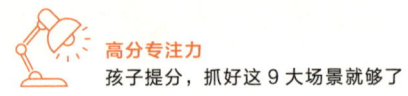
时间内完成，而是要达到两个目的。

（1）激发孩子的动力

孩子自己写下预估时间，就会想要挑战自己，看看能否在这段时间完成。预估的时间相当于孩子给自己定下的目标，孩子会很想完成。

（2）培养孩子的时间感知能力

预估时间的过程让孩子主动思考时间，完成作业后还能和实际时间对比，这些过程都在培养孩子的时间感知能力，让他们对时间的流逝和自己利用时间的能力有更为准确的觉察，更清晰地知道自己完成一项任务需要用多长时间。

家长千万不能规定孩子一定要在预估时间内完成。这样做，只会让孩子定下一个很长的预估时间，这一环节也就失去了意义。有时候，孩子会担心写下目标就要完成，家长可以主动地打消他们的顾虑，告诉他们这只是一个设想，写了不一定要完全做到。如果孩子还是有所顾忌，家长可以幽默地告诉他们：写"一年完成、一生完成"也是可以的。

3."记"：记录完成时间

在孩子开始做作业时，让他记下开始的时刻；当他做完后，记录结束的时刻，并且自己计算所用时间，让孩子对比一下预估时间和所用时间。

家长可以从以下三个角度询问孩子。

（1）对比时间

家长可以问孩子："你实际做完作业的时间和预估时间比较，有什么区别？"让孩子自己回顾比较，看看自己所花的时间是和预估时间差不多，还是实际用时更长，还是在预估时间内完成。

（2）反思原因

如果实际完成时间和预估不同，不论是更长还是更短，家长都可以问孩子："如果和预估时间不一样，有什么原因呢？"引导孩子进行反思。

如果孩子在预估时间内完成，当家长这么问，相当于鼓励他们，他们会很有成就感地反思自己的成功历程，说出自己是怎样快速地完成作业的。这相当于孩子总结自己完成目标的原因，家长可给予鼓励。

如果实际耗时更长，通常有以下原因：预估的时间太短、中

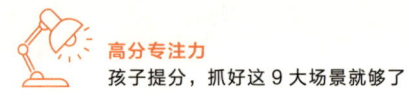
途分心、遇到难题做不来……不论孩子说出什么原因，家长只需要倾听，不用补充也不用给建议。

（3）调整预估

反思完之后，家长再问孩子："如果下次还有难度、题量差不多的作业，你会给自己预估多久？"

这一问，是进一步培养孩子的时间感知能力。不论孩子是决定下次预估时间保持不变，还是缩短时间，或者是延长时间，家长都要允许，不用做任何干预。

有的孩子喜欢不断挑战自己，会缩短预估时间。有的孩子喜欢给自己比较宽裕的预估时间，让自己不那么紧张，保持良好状态。这些选择都是可以的，这是"孩子的事"。只要能培养孩子的时间观念，激发孩子的动力，家长的目的就已经达到了。如果对孩子的目标横加干涉，那么又成了"家长的事"。

本章探讨了家长如何有效应对孩子做事拖拉磨蹭的问题。一辆汽车不走了，我们不能只是推车，而要设法发动。催促、制定时间计划表、记倒计时都是在"推车"，家长要尽快抛弃这些无用功。培养孩子的时间观念、让孩子学会排序、让他们自己定目标，这些才是"发动汽车"，才是点燃孩子主动性的好方法。家长应尽早实践起来，让孩子尽快成为时间的主人。

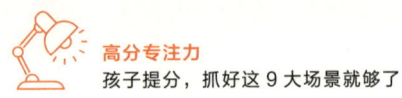
本章总结

1.要培养孩子的时间观念，家长要教孩子认时钟，多用时间提醒孩子。

2.让孩子给要做的事排序，教给他们排序原则：先做重要又困难的任务，再做重要但不困难的任务，最后做不重要也不困难的任务。这能增强他们的主动性，又能让孩子养成要事第一的好习惯。

3."开—估—记"大法能让孩子有效提高写作业的速度：让孩子自己确定一个启动时刻，预估完成时间，记录实际时间。

扫码添加作者的公众号，回复"高分专注力"，即可获得"高分专注力全套落地工具"。

场 景

2

孩子经常弄丢东西，忘带作业怎么办

内容提要

孩子丢三落四、忘带东西、不长记性，这些看似是小毛病，其实背后是态度不端正、缺乏责任心的大问题！有如此不良的习惯和心态，学习怎么可能优秀？

很多时候，孩子的这些毛病都是家长一手"培养"的！本章盘点让孩子马虎大意的"育儿三大坑"，你可一定别再这么做了！

其实，让孩子细心并不难，家长只要掌握"习惯养成三步法"就能让孩子"有心眼"；家长学会让孩子担责的"三要三不"原则，就能让孩子"长记性"。用不了多久，你就会发现家里的"小马虎"变成了"有心人"：对事情用心，对学习负责，提分指日可待！

一、马大哈是怎么"炼成"的

前不久，一位初二学生的家长来到我的工作室，咨询她儿子总是"丢三落四"的毛病应如何改。据该家长说，孩子从上幼儿园开始，几乎每天都会弄丢东西，衣服、跳绳、铅笔、玩具、零用钱……最夸张的一次，是书包装得满满地去幼儿园，空空地回来。进入小学后，孩子经常忘带作业、课本，爸妈好几次化身快递员给他送去学校。最近孩子经常忘带钥匙进不了家门，他着急忙慌地打电话向家长求助。家长只能请假来救援……

家长还说，为了改掉孩子的这个臭毛病，她什么方法都用了。每天早上都千叮咛万嘱咐，让孩子记得带作业、带钥匙，东西都帮他整理好放在一起，当着他的面跟他数好有几样，让他一定要

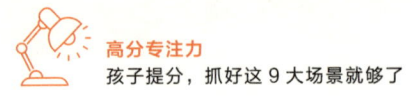
带回来，但孩子该忘还是忘。每次丢东西，她都狠狠地批评孩子，还让他写过检讨，但是都不管用。家长还问我，孩子是不是有什么心理问题。

其实，可以这么说，孩子丢三落四就是家长亲手"培养"出来的。我们不妨逆向思考，如果我们要训练一个丢三落四的马大哈，家长可以怎么做呢?

1. 提醒：让孩子陷入无意注意

"记得带上作业!"

"钥匙千万别忘了!"

"水壶带好，不然没水喝了!"

每个"马大哈"孩子背后，都有焦虑的家长在千叮咛万嘱咐。但家长没有想到，这样的提醒只会让孩子更加不长记性。原因很简单：家长提醒时，孩子没有启用有意注意，养成的习惯是"家长提醒我带什么，我就带上"的被动习惯，因此只要家长不在身旁，或者家长忘了提醒，孩子就不会主动思考要带上什么。

2. 包办：剥夺孩子锻炼有意注意的机会

"时间不早了，书包怎么还没整理？我帮你整理算了。"

"明天要穿的衣服又乱扔，每次总要我帮你放在床头。"

"作业本又忘记放进书包了，要不是我帮你放，看你怎么交代。"

许多家长会替孩子收拾书包，整理物品。以本节开头提到的妈妈为例，她的儿子回家后钥匙经常乱放，而妈妈非常看重整洁，就会把钥匙放在孩子书桌上。孩子上学，临走时妈妈还会提醒孩子："记得带钥匙！"或把钥匙塞到孩子手里。

家长的包办结合提醒，就能彻底剥夺孩子的主动性，不用在这件事上投入有意注意，只要家长哪天忘记提醒，孩子就会把这件事忘到九霄云外去了。

3. 解救：让孩子不用承担责任

"孩子没带作业，挨批评怎么办？赶快给他送去！"

"孩子的水壶又忘记带了，没水喝对健康可不好！让奶奶给他送到校门口吧！"

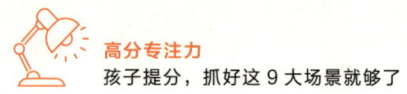
"儿子的钥匙又忘记了，回不了家肯定很着急，还有危险！赶紧跟领导请假回家。"

为了让孩子"彻底养成"丢三落四的毛病，每当孩子忘记东西，家长都要勇敢地站出来当"背锅侠"，替孩子承担后果，用行为告诉孩子："孩子，粗心点没关系，你放心地做马大哈吧，爸妈永远是你坚强的后盾，会替你扫平一切困难！"

综合使用这三种方法：不断提醒、替孩子做事、帮孩子承担后果，家长费心劳神，充分锻炼了有意注意；孩子淡定悠闲，全程处在无意注意。

你家那位丢三落四的马大哈，是这么"培养"起来的吗？

二、用"问—想—赞"三步让孩子"长记性"

要让孩子戒掉丢三落四的毛病，首先要做这样一个转变：要由家长"怕"孩子忘带，家长"想"孩子还要带什么，变为孩子"怕"自己忘带，孩子"想"自己还要带什么。

父母可以用以下几步，把主动权交还给孩子。

1. "问"：用询问引发孩子的有意注意

提醒使人被动，提问引发主动。当家长提醒孩子上学前"记得带钥匙"时，孩子不需要思考，只要简单地拿上钥匙就行，处在无意注意下。家长提醒让孩子养成的习惯是"家长提醒——我

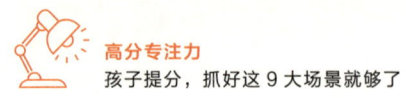
拿东西"，因此只要家长哪天没有提醒，孩子就很容易忘记。

当家长向孩子提问："出门前要记得带什么？"这让孩子不得不仔细思考这个问题，孩子进入了有意注意。提问让孩子养成的习惯是"出门前思考我要带什么"，即使家长没有提醒，孩子出门前也会想一想自己要带的东西。

以下问题对丢三落四都很有效：

① 出门前要记得带哪些东西？

② 如果家长不在，你有哪些方法能让你记得带上东西？

③ 有哪些东西要从学校带回来？

④ 你有什么方法，能让你记得把东西带回来？

你今天就能找机会问孩子这些问题，一定会有意想不到的效果！

2. "想"：和孩子一起找方法

每天都要家长问，家长也总有忘记提问的时候。要彻底解决孩子丢三落四的问题，还得靠孩子自己"有心眼"。

家长可以用头脑风暴的形式，引导孩子想一想：有哪些方法能让他们保管好重要物品。

曾有一位家长来咨询，说她儿子经常忘带钥进不了家门，家长三天两头请假来给孩子开门。在我的指导下，她回家和孩子进行了一场头脑风暴。

妈妈问孩子："有什么方法能让你出门前记得带上钥匙呢？"

孩子想到了很多方法：

① 在门上贴一张纸："记得带钥匙！"让自己出门前就能看到。

② 把"记得带钥匙"这几个字刻在大腿上。

③ 在钥匙上系一根绳子，睡觉前就挂在脖子上。

④ 回家进门后就把钥匙放在门口玄关的定点位置，这样临走时不容易忘带。

孩子想到了这么多方法，妈妈便让孩子自己从中选一个先做尝试。孩子选了 ① 和 ④ 。我跟进了三个月，孩子没有再忘记带钥匙。

小贴士

在做头脑风暴时，孩子有时会想不出来，家长要保持充分的耐心，千万不能自己抢着提出想法。

孩子想到的方法即使看起来不靠谱，家长也要记下来，例如本案例中，孩子提出的一个方法是要在大腿上刻字。我们要相信孩子最终会做出最好的选择。

即使孩子的方式不成功也没关系，再让他选择其他方法尝试。这就叫"从错误中学习"。

3. "赞"：及时鼓励孩子

经过以上两个方法，你的孩子应该已经好些天都没丢过东西了。

怎样能让这一好行为保持下去？

那就是：及时鼓励。

生活中，家长很容易掉进一个陷阱：只看见孩子忘记的时候。孩子没有丢东西，家长就习以为常，认为是"应该的"。孩子一旦忘记了东西，就极度关注。这样的做法对孩子很不好。

首先，家长总看见孩子做得不好的时候，会让孩子沮丧、受挫。

其次，孩子做到的时候，他们的成功经验没有得到及时巩固。

最后，对有些特别渴望家长关注的孩子，当他们发现自己忘记东西的时候，家长对自己的关注反而更多，他们反而更乐于这样做，丢三落四的行为得到了强化，有可能愈演愈烈。

家长要多加注意，有意识地看到孩子的良好行为，尤其是以下情况：

① 孩子最近一阵子都能记得带上所有物品时，家长要及时肯定他："最近，你把自己的东西保管得很好。"也可以问问他："你是怎么做到的？"让孩子及时巩固成功经验。

② 有一种黄金机遇，家长一定要关注到，就是"孩子差点忘记，但自己主动想起来要带某件东西"的时候。此时，家长一定要抓住机会，问问他："你自己想起来要拿钥匙了，你是怎么想起来的？"孩子能主动想起来带，这就是我们需要培养的能力，因此要及时让孩子巩固。

③ 当孩子一样不落地把所有物品都带回家，家长也要及时鼓励孩子："在学校没有父母的提醒，还能主动带回家，这很不容易！"再问问孩子："做到这一点，你用了哪些好方法呢？"赋予孩子自信的同时，再度引发他们的有意注意，巩固有效经验。

　　总而言之，家长要尽可能多地调动孩子的有意注意，引发孩子的思考。事前，可以用开放式提问让孩子思考；也可以和孩子一起进行头脑风暴，寻找好办法；当孩子没有丢三落四的时候，家长要及时肯定他们，巩固这一良好习惯。

三、不替马大哈"背锅"！让孩子承担后果的"三要三不"

要让孩子"长个心眼"，保管好物品，关键因素在哪里？

讲两个我自己的经历。

一次，我去楼下的银行办业务。我到了银行，发现身份证没带，回去取了一次。结果到了银行又发现银行卡没带，又回家跑了一趟。

另一次，我去外地给汽车办理过户。临行前，我打电话给车管所确认要带什么证件，仔细列了一个清单，反复确认所有东西都带齐了。

为什么同一个人，第一次表现出丢三落四，第二次就仔细谨

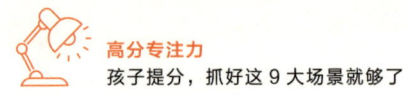
慎呢？因为后果不同。我去楼下的银行跑一趟只要 5 分钟，多走几次只当散步了。但是去外地给汽车过户，来回 6 小时，忘带证件的后果我承受不起，所以马虎不得。

孩子也是一样。如果每次他忘带东西，家长总是替他承担后果，他自然自由散漫。如果他自己要承担后果，他就会谨慎对待。

不为孩子承担后果，家长可以先做这些：

① 孩子忘带作业本，家长不给孩子送去。

② 孩子忘记把脏衣服放进洗衣机，家长决定不洗。

③ 孩子忘记带回作业，家长不跟老师解释。

④ 孩子忘记测验时间，家长不做提醒。

让孩子体验几次忘带东西的后果，这是远比说教更有力量的教育，它让孩子印象深刻，甚至终生难忘。

具体怎么操作呢？

1. 提前约定家长"不做什么"，而非临时起意

如果你一直帮孩子做着各种善后工作，当你决心改变自己的做法，让孩子承担后果，一定要和孩子提前约定，说明你这么做的理由。

不然，当孩子承担后果时，他不会反思自己，反倒会责怪家长。

2. 保持坚定，不出手解救

当孩子即将承担自己的行为带来的后果时，他们通常会使尽浑身解数，迫使家长让步。

他真的想听你说："算了算了，下次一定要记得哦！"如果父母很坚定，他还会转而求助外公外婆、爷爷奶奶。

如果孩子成功地迫使家长让步，他非但无法吸取教训，反倒看出家长的原则可以让步，学会了"看人下菜碟"。

所以，我们要保持坚定，并让家人和我们步调一致。

3. 表达同情，不借题发挥

孩子体验自己的行为带来的后果时，往往是内疚、沮丧的。

此时一定不要说："你看，我早就告诉你了，你就是不听！"也不要急着询问："快说说，你这次学到了什么？"因为孩子的情绪正处于爆发的时候，此时询问会让他们"恼羞成怒"，彻底点燃内心的火。其实，家长可以相信孩子的反思能力，他们完全有能力从错误中学习。我们要做的，是对他的遭遇表示理解并宽心。

这样说是否觉得有些抽象？我们来看下面这位家长的做法。

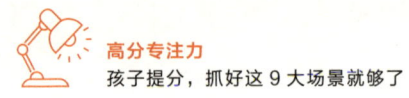
冬冬是个二年级的孩子。他上学总是忘带东西，爸妈隔三岔五就要把他忘带的作业送到学校门口，以至于和每个门卫都混了个脸熟。

冬冬爸爸决心做出改变。一天晚上，他对冬冬说："你是个大孩子了，应当能管理好自己的学习用品。以后请你自己带好要用的东西，我们不再帮你送了，爸爸相信你一定能做好！"冬冬愉快地答应了。

可没过几天，冬冬爸爸开车送他上学，刚到校门口，冬冬突然发现自己忘带了一份重要的作业。他又哭又闹，缠着家长回去拿。爸爸告诉他："还记得我们的约定吗？由你自己负责带好学习用品。我现在要上班了，其他人也不会给你送来，相信你一定能处理好的。"随后冬冬爸爸把孩子交给校门口的老师，让他独立面对问题。

冬冬挨了批评，回家后闷闷不乐。冬冬爸爸和善地对他说："我相信，忘带作业，被老师批评的滋味肯定不好受，你这次真的很难过，我很遗憾。如果你想和我讨论怎么整理自己的东西，避免这种情况的发生，我随时愿意。"

看到这里，许多家长可能有这样的疑惑：

为这么点小事，让孩子难过，至于吗？

不给孩子送去水杯，他口渴了怎么办？

作业本没带，影响孩子学习了怎么办？

请看下面这两则令人心痛的新闻。

2022 年，一位考生本应在福田外国语高级中学考试，可是他跑错了学校，去了福田中学。当他发现走错考场，再从福田中学打车过来时却被堵在了高架桥上，到考场时已经晚了 25 分钟，考生当场崩溃大哭。

2014 年，无锡三名艺术类考生在高考前夜一起住在学校附近的宾馆。高考首日，三人因为"闹钟没响""手机坏了，电话打不通"，再加上"忘带身份证"，错过了第一场考试。考生情绪激动，在考点门口大哭。

为这些考生惋惜的同时，我们也应当思考：导致他们错过考试的坏习惯，可能从小就有，且不断在犯。或许正是因为家长一次次出手解救，剥夺了孩子从错误中学习的机会，最终让他们为"小毛病"付出了"大代价"。

为了孩子不吃这样的苦，我们需要鼓起勇气，让孩子承担行

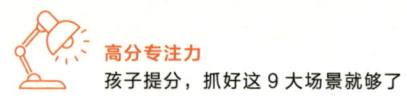

为后果。家长们，请坚定地告诉自己：今天孩子所犯的错，在他人生中是微不足道的；今天让孩子吃的苦，是为了他将来少吃真正的苦！

并非所有情况都要让孩子承担后果，以下情况不适合使用自然后果：

① 对孩子有危险：显然不能让孩子体验乱穿马路、在家玩火的后果。

② 行为影响他人：孩子在电影院、图书馆等公共场所大声喧哗，家长要及时制止，不能听之任之。

③ 孩子毫不在乎：有些行为的后果在孩子看来没什么问题，例如不刷牙、过多地吃垃圾食品，自然后果难以起效。

本章总结

1. 家长不断提醒孩子、替孩子准备要带的东西，会剥夺孩子锻炼的机会，让孩子变得更加粗心大意。

2. "问—想—赞"：家长要多提问，让孩子主动思考"今天要带什么"；和孩子一起思考有什么方法能带齐物品；当孩子做得好，家长要及时鼓励。

3. 当孩子忘记带东西，允许孩子自己承担后果，今天的"吃小亏"是为了将来"不吃大亏"。

扫码添加作者的公众号，回复"高分专注力"，即可获得"高分专注力全套落地工具"。

3

孩子粗心大意，总犯低级错误怎么办

内容提要

你有没有为孩子的粗心大意懊恼过？

很多孩子分数上不去，不是因为难题做不来，而是因为粗心大意，在难度低的问题上"阴沟翻船"：计算错误、题目抄错、忘写单位、单词拼错……

这一章我们就来谈谈怎样锻炼孩子的有意注意，彻底消灭孩子的粗心问题。家长要避开让孩子越来越粗心的"两大陷阱"，学会一种能彻底解决孩子粗心问题的神奇训练法——"全对五步法"。这种训练法事半功倍：每天只需10分钟，就能让孩子专心致志，做题的正确率大幅度提升，从此和粗心丢分"说拜拜"！

一、家长的两大错误加重孩子的粗心问题

粗心错误，就是在低级问题上犯错误：困难的部分做对了，简单的计算做错了；把加号看成减号；题目照着抄也能写错；总是忘记写数学单位；一个单词明明前面拼对了，后边却拼错了……

面对孩子的粗心问题，家长的一些本能应对方法恰恰是错误的，只会让孩子越来越粗心。

1."题目全会做，你就是太粗心！"一句话让粗心问题从"急性"变"慢性"

今天的数学测验，小明很快就做完了所有题目。他自我感觉

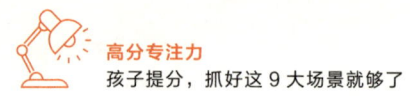

很好，回到家信心满满地对妈妈说："我这次一定能考100分！"第二天分数出来了，却让小明惊掉了下巴：只有80分。

回家后，妈妈和小明一起分析试卷，他们发现试卷上几乎所有错题都是小明粗心导致的：有的是看错了题目，有的是把加号写成了除号，最可惜的是有三道应用题，小明的列式都对了，却在很简单的加减法计算中"阴沟翻船"。妈妈既懊恼又惋惜地说："唉！你这孩子呀，聪明是聪明，就是太粗心！明明这些题目都会做的，因为粗心扣分，多可惜呀！只要你踏实一点，这些低级错误不犯，肯定能得满分！下次一定要仔细一点，题目多读几遍，做题仔细一点，做完了记得好好检查！"

当孩子因粗心犯错，家长总是既遗憾又恼火，忍不住像小明妈妈一样把孩子粗心大意的毛病数落一通，再反复叮嘱孩子下次要仔细点。然而，这样做一点效果都没有，反而可能让孩子更加粗心，原因有二。

（1）没有实际帮助

家长反复叮嘱孩子"仔细点、认真点"，道理当然没错，但怎样才能做到仔细呢？什么样的状态才叫认真？孩子并不清楚。有时候，家长也会给孩子一些具体的建议，比如嘱咐孩子"题目多读两遍""做完检查几次"，但这些办法不一定适合孩子，并且没有当场练习，下次遇到类似情况时，孩子早把家长的谆谆教导忘到九霄云外去了，依旧粗心大意。缺乏实际帮助的提醒等同于唠叨，说多了自然会被孩子当成耳旁风。

（2）让粗心成为借口

家长对孩子说"明明都会做，就是太粗心！真可惜！"的本意，是让孩子戒掉粗心的毛病，变得仔细踏实。然而，这样的话在孩子听来，却有另一层含义："我原来很聪明，就是太粗心，成绩才不好。如果我踏实、仔细了，成绩还是没有进步，那岂不是证明我傻？算了，我宁可当个粗心大意的聪明人，也别当认真踏实的傻瓜！"

家长总这么说，孩子渐渐地把粗心当成"挡箭牌"，原先粗心只是"疾在腠理"，现在真的"病入骨髓"。

错了就是错了，家长们千万别再给孩子的粗心找借口了！

2. 题海战术：本想熟能生巧，不料越练越差

"总是粗心，就是练得太少！以后每天做 200 道计算题，就能熟能生巧！"

"这个单词怎么又拼错了，给我抄 20 遍！下次再错就罚抄 100 遍！"

"这道题讲了 3 遍了，居然还做错！订正 5 遍，让你长长记性！"

像这样大量重复做题、抄写、订正，就是传说中的"题海战术"。然而，题海战术非但没法让孩子熟能生巧，反而会让孩子越练越粗心。

原因在于，粗心出错并不是因为孩子"不会"，他们心里知道正确的解法、明白正确的拼写，之所以出错，一个重要的原因是：他们在答题时没有充分调动有意注意，处在散漫的无意注意状态下。让孩子重复做已经会的题目毫无意义，他们的状态通常也是潦草敷衍，甚至充满怨气。所以，这样的练习做得越多，孩子在无意注意中做题的错误状态越巩固，出现粗心错误的概率不降反升，他们对学习也会越来越抵触。

练得多不如练得巧。盲目实行题海战术，只会让孩子越来越差。

二、做到这两点，让孩子和粗心说拜拜

有人说"粗心就是掌握不牢固"，其实并不准确。粗心问题的根本原因有两个。

第一是孩子做题时没有充分运用有意注意。这通常是因为孩子看到题目较为简单便掉以轻心所致。例如，一个孩子在解数学应用题，当他分析题目、仔细思考、完成列式后，心里认定这道题最难的部分已经攻克，于是放松了警惕，有意注意不再充分运转，这时候孩子很容易在做简单计算时出错。

第二是没有掌握仔细做题的方法。孩子常犯粗心的错误，不仅有状态原因，也有技术问题。其实有许多方法可以避免粗心，例如：做题时放慢速度，有意识地提醒自己专心致志，做完检查

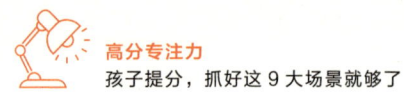

一遍……要避免粗心，就要让孩子掌握相应的方法。

1. 引导孩子进入有意注意

乒乓球国手张怡宁有一个有趣的故事。

一次她和福原爱比赛，由于实力悬殊，福原爱一分未得。在乒乓球比赛里，把对手"剃光头"是不礼貌的，所以要让对方一球。运动员通常会佯装发球失误把球打偏，或者故意漏球，让对方拿一分。

然而，张怡宁让球时，直接在开球时把球打到了地上。这个"太假"的让球，成为球迷津津乐道的谈资。一次参加活动，有人问她："为什么让球这么假？"张怡宁回答："我不想让一个错误的记忆留在我的球拍上。"

这对我们教育孩子有什么启发？如果一个孩子大量做题，但大多数时间都是散漫的，那么他就在"球拍"上留下了不专注的错误记忆。考试时自然容易粗心。**我们要确保孩子一开始做题，有意注意就高效运转。**要做到这一点，主要有以下两条思路。

（1）做减法：少做低效练习

所谓低效练习，就是反复训练孩子已经掌握的内容，如重复抄写和订正。孩子做这些练习时不需要专注思考，只需要机械操作，更多处在无意注意状态，因此孩子练的时间越多，注意状态越散漫。所以，这样的练习能少做就少做，能不做就不做。

（2）做加法：提高训练要求

当人们面对过于简单的任务，有意注意不会启用。例如，如果让孩子把"越"字抄写 10 遍，这一任务过于简单，他们漫不经心地很容易就能完成，无须调动有意注意。如果提高要求，让孩子通过练习把"越"字写得和字帖上一模一样，他们就会感到紧张，从而"逼出"有意注意。家长需要注意，不能强制给孩子制定高要求，这样他们处在被迫状态下，没法锻炼有意注意。家长要引导孩子主动给自己制定高标准，让孩子自己"逼"自己。

总之，家长要提高孩子专注做题的比率，宁可少做，也要"把正确的记忆留在球拍上"。

2. 引导孩子掌握专心的方法

专心不仅和状态有关，也有技巧问题。

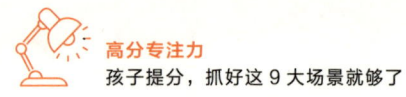

　　许多有效方法能避免因粗心犯的错误，例如认真读题、仔细检查、控制速度、自我提醒等，家长需要引导孩子掌握这些技巧。看到这里，许多家长肯定会想："这些话我几乎每天都在跟孩子说，但他就是不听呀！"的确如此，家长的唠叨和说教是没法让孩子掌握这些方法的。家长要做的是引导和启发，让孩子自己总结出一套适合他自己的方法。

　　要让孩子专心仔细，我们要让孩子练得少而精，要让孩子每次练习都高度专注，不断总结怎样提高正确率。

三、让孩子专心的"全对五步法"

我在多年实践中，发明了一套杜绝粗心的"大杀器"。我给它取名"全对五步法"。这套方法省时、有效，只要给孩子用，马上就能见到效果。

"全对五步法"就是给孩子几道难度差不多的题目，通常 3～5 道为宜，要求孩子全部做对。如果没有达到全对，就给他同样数量、同样类型的题目再次挑战，直到全对为止。"全对五步法"耗时不长，一般 2～10 分钟，但强度高、效果好，每次训练都是对孩子有意注意的充分锻炼，每次训练都能让孩子扎扎实实地掌握一种题型。每天用"全对五步法"，日拱一卒，孩子就能不断精进。

用"全对五步法"训练孩子之所以有效，就是因为制定规则后，孩子必须自己承担粗心的后果，家长不必说教、唠叨，也不用为孩子的粗心感到懊恼。在这样的规则下，孩子需要竭尽全力保持专注、认真仔细，他们要主动积极地思考保持专心的方法，有效调动有意注意，学会在持续做题的状态下做到专心致志。

"全对五步法"可以用于不同学科，解决不同类型的粗心问题。

（1）数学

数学题最容易犯粗心错误，家长可以对孩子最容易犯粗心问题的题型做针对训练。如果孩子计算很容易出错，就出几道计算题，让他做到全对。如果应用题一会儿漏写单位、一会儿漏写答句，就让孩子挑战连续滴水不漏地做对几道应用题。

（2）背诵

背诵也是很多孩子粗心的重灾区。在要求孩子背诵古诗词或者课文时，有些家长是这么做的：如果孩子四句诗背错一句，家长只是要求他们把出错的那一句再背一遍。这样的练习无效，孩子下次背时很大概率还会在这里卡壳。正确的做法是要求孩子从头到尾不出错全部背对才算过关。如果是第二天的必考题，也可以要求孩子连续多遍一字不差地背对。

（3）默写

要求孩子把要默写的20个单词一遍默写全对，如果错了一个，就要把这 20 个单词打乱顺序后再默写，直到全对为止。通过这一高强度训练，孩子绝不会再出现"在家都会背，到学校默写总出错"的情况。

家长使用"全对五步法"，可以遵循以下步骤。

1. 解释说明：让孩子明白游戏规则

练习开始前，家长要和孩子说明为什么要这样训练。这一步至关重要，如果没有把规则解释到位，孩子很可能把"全对五步法"和"做错罚抄"混淆，从而丧失积极性。

家长可以这样告诉孩子："这是一种可以帮助你专心致志的训练方式。它的规则是给你几道同类题目，要求做到全对。如果全部做对，训练就到此结束。如果没有全对，就再给你几道同样类型和难度的新题，直到全对为止。这不是惩罚，而是为了锻炼你的注意力。训练过程中可能会出错，你会感到懊恼挫败。但是通过挑战后，你会很有成就感，也会彻底掌握这类题目。"

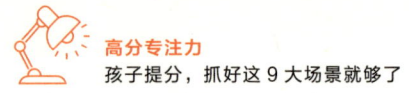
2. 赋予选择：让孩子主动接受挑战

如果孩子全程被迫训练，效果一定大打折扣。我们要激发孩子的主动性，这样才能充分锻炼他们的有意注意。具体怎么做？我们可以给孩子提供选择。

（1）让孩子选题量

"全对五步法"要求孩子把几道题做到全对。那么具体选几道题？一般介于 3 ~ 5 题之间。少于 3 题就没有效果，多于 5 题则难度过大。家长可以让孩子在 3 ~ 5 题之间选择一个数，并自己决定练习的难度。这会让孩子非常兴奋，因为他们总是更想达成自己选定的目标。而难度是自己定的，即使失败，他们也会有更强的抗挫力。

（2）让孩子选题型

用"全对五步法"训练哪些题目，也可以让孩子自己选一选。家长可以让孩子自己翻开以往的作业或试卷，看看哪些题目经常因粗心做错，让孩子每天自己选一类题目进行训练。这样做，一方面能提高孩子的积极性，另一方面也能锻炼孩子自主学习的能力。

小贴士

家长给孩子选择权，让他们感到自己可以做主，能有效提高孩子的主动性。家长需要注意，让孩子选择并不是把 100% 的自由给孩子，所有的选项都伴随着边界，都是有限的选择。例如，孩子选题数，需要在 3 ~ 5 题的范围中选择。孩子选题型，只能选那些多次因粗心出错的题型，而不能选极为简单、从不犯错的题目。真正的自由，总是伴有边界。

3. 引导反思：让孩子发现细心的诀窍

"全对五步法"的目标之一，是要让孩子探索并掌握杜绝粗心的方法。要达到这一效果，不能是"家长发现方法后告诉孩子"，而要"孩子主动发现方法告诉家长"。所以，家长全程不用给孩子任何指导，而要扮演"教练"的角色，通过提问来引导孩子反思。有以下两个时机可以提问。

（1）在孩子成功后引导

孩子如果全部做对，就算通过挑战。家长可以问孩子："你是怎么做到全对的？"孩子或许会告诉你："要做到全对，就要专心点，速度可以慢一点，做完可以检查一遍。"这些话，家长通常

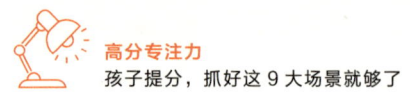

平时都会提醒孩子，但如果只是家长说出口，就沦为唠叨和说教，没有任何作用。只有让孩子自己主动思考，总结出的方法才对他们真正有效。

（2）在孩子出错后引导

孩子只要没有全对，无论错几道题，都算挑战失败。家长可以给孩子一段时间，让他们自己把错题弄明白，除非孩子主动求助，家长不需要讲解，只需要询问孩子："如果下次想要全做对，你有什么办法？"这个问题是在引导孩子从错误中总结经验，因为他们马上就有机会实践这些方法，因此这轮反思非常重要。

如果下次挑战依然失败，我们还能够问孩子："你发现的方法哪些管用，哪些不管用？还有什么方法？下次如果你打算全对，可以怎么做？"引导孩子在错误中不断学习和成长，他们才能够越挫越勇。

4. 处理情绪：培养孩子的抗挫力

如果孩子因为出错挑战失败，尤其是连续多次失败，孩子一定会感受到懊恼、挫败、愤恨，充满负面情绪。家长可以用以下方法应对。

（1）预防

家长在练习前就要给孩子打好"预防针"，告诉孩子："练习过程中你会很紧张，万一没有通过，你会感到懊恼、挫败。"让孩子对负面情绪的到来提前做好预期，他们就会有更高的抗压力。

（2）接纳

当孩子犯错失败后，家长一定要充分认可孩子的情绪，温柔地对他说："你刚才很专注，很想做到全对，结果没能成功，这的确会很令人懊恼。"家长真心地允许孩子在失败后感到痛苦，发自内心地认为这种痛苦是正常的，孩子反而会感到被理解，情绪也就更容易平复。

（3）暂停

如果孩子连续失败多次，情绪状态已经非常糟糕，没法继续练习，家长可以让他们暂停休息一会儿，等情绪平复后再做训练。如果孩子过于痛苦，也可以让他们今天先暂停不做，明天继续挑战。

每个人遇到挫折时都会有负面情绪。情商高的人并非没有负面情绪，而是善于处理自己的负面感受。如果孩子没有学会怎样与这些感受相处，他们的注意力就很容易受到情绪的干扰，例如：有的孩子遇到不会写的字就卡壳，不肯跳过它往下做；有的孩子

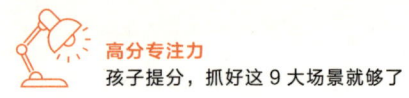

有一道题不会就慌了神，结果会做的题目也做不来了。家长运用"全对五步法"，就是让孩子有大量机会来直面挫折，锻炼自己处理情绪的能力。

小贴士

需要注意的是，连续正确训练如果反复通不过，家长要及时调整。有可能是孩子题目没有掌握，要仔细对比孩子解题的方法是否有问题，知识点是否掌握牢固。

5. 做好鼓励：点燃孩子的内在动机

当孩子做到全对，就会享受到极大的快感：他们会感到如释重负，内心充盈着喜悦和满足。此时，家长一定要及时鼓励，放大孩子的积极体验，让这份美好的感受变为孩子不断前进的动力。家长可以怎样鼓励孩子呢？

（1）直接说出孩子的闪光点

在孩子做练习时，家长就可以当一个有心人，仔细观察孩子的行为表现。当孩子成功通过挑战，家长可以把自己看到的闪光点逐一告诉孩子。

有一次，我亲自引导一位孩子做"全对五步法"训练，他挑战了三次才成功。练习结束后，他有些疲惫地说："哎，终于做完了！"在他做练习时，我一直在纸上记录我看到的优点，此时我把观察到的闪光点——念给孩子听："我发现你刚才主动选择了难度较高的应用题，这就是自我要求高；我注意到你每次做完都能自己批改，并搞明白错在哪里，这就叫自觉；我看到你连续失败后有些懊恼，但自己站起来活动了一会儿，让自己心情平复后继续挑战，这就叫坚韧；我看到你每次开始挑战前，都会根据上次做题的情况调整策略，这就叫从错误中学习！"当我说完这些优点，孩子原本疲惫的眼中充满了光彩，他问我能否把这张记满优点的纸送给他，我同意了。事后孩子妈妈告诉我，孩子一回到家就举着这张纸给父母看，一边说："你们看！我今天有这么多优点！"

（2）让孩子充分体验积极情绪

家长也可以让孩子描述一下自己的情绪，问问孩子："你现在感觉怎么样？"当然，许多孩子对描述情绪有困难，家长可以问得更为具体："如果用一个词语形容你的心情，这个词语是什么？你现在的感觉像什么？"

我的一位学员告诉我，孩子通过挑战后非常自豪，孩子告诉她："现在我的心情就像有一百只小鸟在胸中飞翔！"这种感

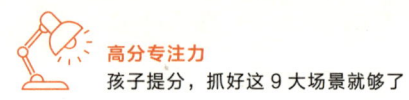
觉是真正的、高级的快乐，是孩子调动有意注意挑战自己、取得进步后的最好奖赏，是经历风雨才能看到的彩虹。这种乐趣，是沉迷在无意注意中的低级乐趣无法比拟的。家长经常让孩子品尝这种高级快乐，孩子长大后自然不会沉迷于电视和游戏中，因为曾经沧海难为水，体验过高级快乐的人不屑于低级享乐。

"全对五步法"是培养孩子专注仔细的利器，是锻炼情绪管理的绝招。它耗时不多，题量不大，能有效解决孩子的粗心问题，可以让孩子获得成就感。家长们，赶快让你们的孩子练起来吧！

本章总结

1.家长切忌对孩子说教、唠叨，既不要说"你就是太粗心"，给孩子找借口，也不要叮嘱孩子"认真点、仔细点、多检查"，这些都有害无益。

2.题海战术会让孩子变得散漫、抵触，让粗心问题恶化。

3."全对五步法"要求孩子连续做对一定数量的题目，这是锻炼孩子专注、细心的好方法。

扫码添加作者的公众号，回复"高分专注力"，即可获得"高分专注力全套落地工具"。

孩子关上门写作业效率极低，家长怎么办

内容提要

"爸爸妈妈，我去写作业啦！"孩子"嘭"的一声关上了房门。明明作业并不多，但过了半天门依然关着，家长压根不知道孩子在房间里做什么。这样的场景，你家出现过吗？

孩子提分的关键点之一，就是学习环境！但很多家长不会给孩子布置学习环境。父母精心布置的小房间，正在"蚕食"孩子的注意力，让他们越来越分心。孩子到底在哪儿学习最合适？孩子关起房门写作业、半天都不出来该怎么办？

本章我们就来谈谈，家长如何为孩子布置"学霸式"学习环境。家长首先要学会防住破坏有意注意的"明枪暗箭"，为孩子创造一个"一坐下来就专心"的学习区，再学会从陪伴到放手的"三部曲"，最终孩子会变得专心又认真，家长放手又放心！

一、精心布置的小房间"杀死"了孩子的有意注意

为了培养小红养成独立学习的好习惯，小红的爸爸妈妈用心良苦。他们特地为小红腾出一间独立的卧室，里面除了有小红的小床和书架，还有一张学习桌。这可是爸爸妈妈特地去超市挑选的。这张学习桌科技感满满，可以用按钮让桌子上下前后调节，方便不同身高的孩子在书桌前保持端正的坐姿，起到保护视力和脊椎的作用。书桌上还有一个小书架，架子里有大小不一的格栅，用来摆放孩子的书本、文具、电子词典和计算器。桌子自带灯光，不仅可以调节亮度，还能改变色温。桌上内嵌着计时器，不仅可以看时间，还能设定闹钟、倒计时和秒表。有了自己独立的房间

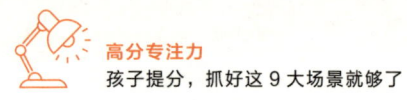
和学习区域，小红的父母觉得孩子一定能养成良好的学习习惯。

然而，事情并没有想象中那么顺利。爸爸妈妈发现，小红在房间学习时经常走神，做作业的速度特别慢。其他同学半小时能完成的作业，小红要用一两个小时。有时候，她拿着笔写着写着就不动了，两眼呆呆地看着前方，不知道在想什么。还有几次，爸爸看到小红反复调节课桌按钮，有 10 分钟之久。每当家长提醒她，小红都特别不耐烦，最后她把房门一关，不让家长进了。

要激发孩子的有意注意，优质的学习环境必不可少。然而，我见到许多家长就像小红父母一样，花了很多心思和金钱为孩子提供良好的学习环境，结果却适得其反。小红的房间就是一个经典的反例，对培养孩子有意注意极为不利。

其实，孩子做作业的环境很有讲究，家长如果不懂门道就很容易"踩坑"。接下来我们就来谈谈，家长怎样布置孩子的学习环境才能最好地激发孩子的有意注意。

1. 抵制诱惑让有意注意消耗殆尽

小红的房间看似安静，其实有太多干扰。例如，书桌的小书架上摆着各种文具和书籍，小红一抬头就会看到它们，很容易分心。桌子可以用按钮升降调节，让小红忍不住想把玩一番。孩子一扭头，旁边书架里的课外书和玩具仿佛在向她招手。房间内温馨的墙纸和那张小床，都无时无刻不在散发着让人放松的信息，仿佛在召唤小红"放轻松……放轻松……来躺会儿呗……"。

当然，小红不一定每次都会被干扰，把分心付诸行动。但这些干扰只要在那里，就无时无刻不在吸引她的注意，小红不得不调动许多有意注意来对抗这些干扰，大量宝贵资源被内耗，能投入做作业的精力自然就少了。

2. 独自学习最容易分心走神

让孩子独自一人在房间做作业，其实对集中注意力非常不利。原因为何？

有意注意的水平，和他人监督有直接联系。对有意注意要求最低的情况就是一对一监督。许多孩子上课不专心，但老师一对一辅导时，他们也能专注地写作业。比一对一监督更困难的情况，是在集体中学习，并且学生人数越多，对学生有意注意的挑战就越大。例如，学生在 3 ~ 5 人的小班里保持专注，就比在几十人

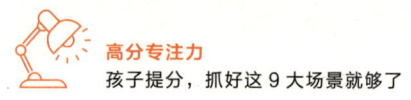
的大课中专心听讲简单得多。孩子听几千人的在线课，老师根本无法照顾到孩子，孩子就很难保持专注。对孩子注意力挑战最大的情况，就是关上门来无人监督。这种情形下，不仅孩子的注意力面临极大挑战，大人也是一样。孔夫子说"慎独"，意思就是在人前保持礼节、道德比较容易，一个人独处、无人看见时要保持自律，难度就大得多。

总而言之，把孩子一个人放在房间无人监督，孩子特别容易分心。再加上房间里各种干扰物，孩子的有意注意被内耗殆尽，能专注才怪呢。

二、扫清这两种干扰，给孩子一个干净清爽的作业角

对抗干扰需要消耗有意注意，干扰越多，留给学习的注意力就越少。反过来，干扰越少，孩子就越容易集中有意注意。家长在选择学习环境时，要注意识别以下两类干扰，把它们和正在学习的孩子隔离开来。

1. 挡住"明枪"：发现会动会响的明显干扰

有些干扰很明显，它们会动会响，容易识别，我们称之为"明枪"干扰。典型的"明枪"干扰有以下三种。

（1）语言干扰

语言对人的干扰极大，很容易让人分心。孩子做作业时，典型的语言干扰有：爷爷奶奶正在看电视、听相声；父母在旁边大声和别人打电话；家人在屋内大声交谈，尤其是谈论和孩子有关的事情，这些都会对孩子的有意注意构成极大影响。

◆ **排除方法**：让孩子的作业角远离家里热闹的区域，如果孩子在客厅做作业，家长可以在卧室看电视和讨论；如果家里人喜欢在客厅聊天，可以让孩子在远离客厅的房间写作业。有些家庭房屋面积很小，无法隔离干扰，但起码要让孩子背对电视机，并带上隔音耳塞。

（2）人物干扰

家庭成员有时候会直接干扰孩子的有意注意。例如，孩子写作业时，弟弟妹妹不时前来攀谈，或者在屋内欢笑玩耍；爷爷奶奶频频递上水果点心；爸爸妈妈经过时嘱咐两句和作业无关的事情……这些都会打断孩子的有意注意。

◆ **排除方法**：孩子写作业时，让别的家长带弟弟妹妹去其他地方活动；和祖辈沟通好，孩子写作业时别给他吃东西，可以等孩子做完作业再给他吃；家长想起其他事情要和孩子沟通，可以先在便利贴上记下来，等他做完作业再说。

（3）噪声干扰

孩子的学习环境不必绝对安静，但如果噪声过强就对集中注意力不利。例如，有些住宅紧靠高架桥或者小区里经常有车辆鸣笛报警声，大楼里有邻居在装修，等等，这些噪声过强，需要一定程度的隔离。

◆ **排除方法**：如果外在噪声难以排除，家长可以考虑加装隔音玻璃，或者让孩子佩戴耳塞。

小贴士

家里也不必矫枉过正。我们不必追求"一根针掉在地上也能听见"的效果，也不必在孩子做作业时让家里人噤若寒蝉，因为绝对安静其实也对培养注意力不好。而且如果孩子只能在绝对安静的状态下才能保持专心，也不是什么好事，那他在课堂、考场上怎么办呢？家长只需要排除非常明显的干扰物，给孩子营造一个相对安静的环境即可。

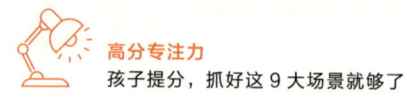

2. 防住"暗箭"：揪出有意注意的隐形"杀手"

正所谓明枪易躲、暗箭难防。有些干扰物既不会动也不出声，它们很难察觉，但随时随地消耗着孩子的有意注意，其破坏性一点不亚于"明枪"干扰。

具体有哪些这样的"暗箭"？

（1）床

床是睡觉的地方，它和放松、休息紧密联系在一起。因此，只要人在床边工作，都会受到它的影响，感受到困意，让人难以保持专注。就像读大学时，虽然宿舍里也有课桌，但大学生一般都会选择去自习室、图书馆学习，而非在宿舍自习，也是因为同样的原理。

◆ **排除方法**：首先，孩子最好不要在自己睡觉的房间学习，而要到客厅、书房做作业。其次，如果孩子不得不在有床的房间做作业，起码让他坐在书桌前能背对着床，离床远点，一定不要把课桌放在床边，或者放在上层床下。最后，家长可以考虑购买可收纳折叠床，它放下来是一张床，不睡觉时可以收纳到柜子里，减少对孩子的干扰。

（2）花里胡哨的学习桌

仅次于床，那些花里胡哨的多功能学习桌也是影响孩子专注力的"高手"。这些桌子的设计越精妙、按钮越多、功能越全面，也就越能吸引孩子的无意注意。桌子的高度能够调节，亮度能够设置，只会让孩子面对多重选择时无所适从。其实，这些功能都不需要，学习桌最重要的功能就是让孩子保持专注。而那些高科技、多功能的时髦产品恰恰不具有这个最重要的性能。

◆ **排除方法**：只需要一张最简单的课桌，什么功能都没有，最好选择孩子学校的同款，它对保持孩子的专注最为有效。孩子坐的椅子也同样简单，不需要有坐垫，也不需要有滑轮。这样的桌椅干净简单，没有任何干扰物，孩子不用费神思考怎么调节高度和垫子最舒服，孩子坐在课桌前可以心无旁骛把有意注意投向正在进行的学习任务。

（3）电子产品

一定别让孩子带着手机、平板电脑、电子词典做作业。这些电子产品散发的吸引力特别强，即使就在那里放着并不打开，孩子要抵制它们的诱惑也会消耗大量有意注意。

◆ **排除方法**：在孩子写作业时，书桌上除了放当下要完成的作业和必要文具，其他什么都不要有，就和考场上一样。如果孩

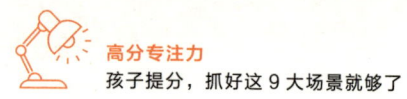
子的其他学习用品和字典、课本放在房间里，做完这份作业再去拿。如果做作业需要用电子产品，家长必须在旁边看着。

　　总而言之，家长可以参考考场的环境，给孩子布置一个有利于保持有意注意的作业角。这个环境，虽然不必绝对静音，但也不能有电视声，不能大声喧哗。孩子坐在简简单单的椅子上，桌面上干干净净，只有当下一份作业。当这些可能干扰孩子有意注意的"明枪""暗箭"——被排除，这个环境对孩子保持有意注意已经较为有利，孩子一坐到这套桌椅前，就能很快进入专注的学习状态。

三、家长该怎样陪孩子做作业

1. 为什么不能让孩子关起房门做作业

我特别反对让小学低年级的孩子独自一人关起房门写作业，原因有三。

第一，低年级是建立学习习惯，比如坐姿、写字姿势的关键时期，同时，也是孩子培养专注力、时间管理、任务管理的最佳机会。在学校，老师有一个班的孩子需要照顾，没法给孩子提供单独辅导。家长在家则能给孩子个性化教育，让他们在这一阶段形成最好的习惯。因此，我主张家长在这一黄金时期扶助一把，帮孩子建立最好的习惯。反过来，如果看到孩子在低年级能独立

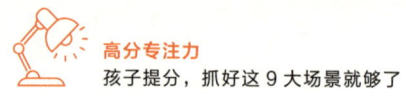
完成作业，家长就脱手不管，没有让孩子形成良好的学习习惯，等孩子进入高年级，问题就会显露出来。

第二，一个人写作业对有意注意挑战过大，孩子更容易分心走神。前面已经讲过，在一对一监督的情况下孩子最容易集中有意注意，一个老师对多个学生的情况下，孩子保持专注的难度有所提升，最难维持注意力的就是孩子独自写作业、周围无人监督的情况。在没有充分锻炼孩子有意注意的情况下，直接将其置于最高难度的情境中，这不叫"放手"，而是"放弃"。

第三，在未来的考场上，孩子的周围是有人的。除了奋笔疾书的其他考生，还有走来走去的监考老师，有些老师还会在旁边驻足。如果孩子从小习惯了关门写作业，只有独自一人时才能专注，那么孩子在考场上就难以排除干扰。

因此，有必要让孩子从小在周围有人的环境中完成学习任务。对小学低年级的孩子，可以在客厅给他们布置作业区，让孩子在家长的观察下完成作业。如果高年级孩子或者已经步入青春期的孩子不愿意出来写作业，那起码得要求他们把房门打开。

2. 从陪伴到放手的三部曲

前面谈到，注意力和督促者直接相关，在一对一监督下，孩子较容易集中注意力，在无人监督的情况下，保持有意注意的难度最大。所以，家长要根据孩子的有意注意水平，决定陪伴的程度。

（1）全程陪伴

刚进入小学的一年级新生，注意力非常薄弱，一年级也是孩子学习习惯建立的关键阶段。在这一时期，当孩子做作业时，家长最好坐在他们身边进行全程协助。这既减小了周围干扰物对孩子注意力的挑战难度，同时也有利于家长观察孩子的状态，家长可以有较多机会协助孩子保持良好的学习习惯。

（2）部分陪伴

当孩子进入小学二年级，他们有意注意的水平逐渐提升，学习习惯初步建立。家长可以不再全程陪伴，而是有选择性地督促。例如，有些较为简单的作业，比如预习、朗读课文，可以交给孩子独立完成。对那些较为困难的作业，例如数学计算、语文背诵，家长才进行协助。

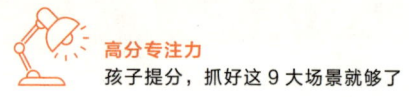

（3）成果验收

当孩子进入二年级下半学期，如果家长引导得当，孩子的注意力已经培养得不错，能在家长陪伴下较好地完成作业。此时，家长可以逐渐尝试放手，采用"走过路过看一眼"的形式进行抽查督促，或者让孩子独立完成，只对孩子的作业成果进行验收，确保作业保质保量完成。

以上谈到的时间节点仅供参考，具体什么时间采用怎样的陪伴形式，需要根据孩子有意注意的水平决定。例如，有的孩子在二年级上半学期已经有了较高的有意注意能力和好的学习习惯，家长已经能放手让孩子独立完成作业。有的孩子虽然读三年级了，但注意力水平较差，学习习惯也没有养成，这就需要家长从全程督促开始，重新补课，培养孩子的能力。

3. 家长掌握这两招，"陪"出孩子的有意注意

陪伴的最终目的是不陪。有些家长在陪孩子写作业时，不断提醒、命令、催促，字写得不好就擦掉、孩子动作快就增加课外

作业……这样做，每次陪伴都让孩子对学习增添一分抵触，距离孩子独立自驱只会越来越远。

与之相反，如果家长能在陪伴过程中充分锻炼孩子的独立性和专注力，那么每次陪伴都是一次有效的注意力锻炼。我把这种有效陪伴称作"培独"——培养独立性。

家长在陪伴孩子学习时，掌握以下两个方法，可以让孩子充分锻炼自主性。

（1）让孩子选一选，变他律为自律

家长在陪伴孩子完成学习任务的时候，一有机会就要给孩子选择权。心理学研究发现，自主性是人重要的心理需求，每个人都希望是自身行为的主人，都讨厌被控制、胁迫，这是人的天性。给孩子选择权，就可以很好地锻炼孩子的自主性，一方面让孩子体验到"我说了算"的喜悦感，同时也让孩子调动有意注意，慎重思考"如何才能保持专注力"。

例如，父母可以让孩子选一选，哪些作业比较难，需要家长协助？哪些作业可以自己独立完成？这个过程能提升孩子对自己有意注意的觉察。家长还可以让孩子选择，家长坐在什么位置陪伴自己？在孩子做作业的时候，家长可以做什么？此外，还能让孩子选择，当孩子分心走神、姿势不当时，家长用怎样的语言或

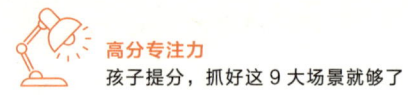

手势提醒自己？当孩子拥有"指挥家长"的权力，他们也会很有兴致。

当父母充分地赋予孩子选择权，就是在让孩子成为学习的主人，当父母从"监督者"变为"协助者"，孩子会主动借助他人的力量来提高自己的有意注意。

（2）和孩子做约定，让孩子锻炼独立性

为了让孩子尽快掌握独立保持专注的能力，家长可以和孩子达成约定，例如，今天家长全程不陪，由孩子自己掌握做作业的时间和速度。如果能又快又好地完成作业，那么明天继续让孩子独立安排。如果效果不佳，第二天由家长陪伴孩子完成作业，第三天再让孩子尝试自主学习。不论孩子有没有做到独立完成作业，都要和他们回顾总结，有哪些方法可以帮助他们达成自律。在这样的锻炼过程中，孩子既能充分反思，培养自己的自律能力，又能体验到独立完成作业的自豪感和成就感。

布置孩子的学习场所，真的很有门道。

外行家长给孩子买花里胡哨的学习桌，内行家长让孩子用简单清爽的课桌；外行家长让孩子在床边写作业，内行家长让孩子写作业时离床远一点；外行家长让孩子关起门写作业，内行家长让孩子去客厅写作业；外行家长陪孩子写作业只会催促、批评，内行家长每次陪伴都赋予孩子自主性和价值感；外行家长的孩子到了初中还要家长陪着写作业，内行家长的孩子二年级就能独立专注完成作业了。

赶快行动起来，当一个懂经的内行家长吧！

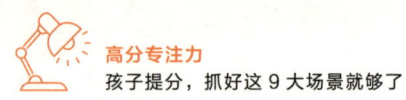
本章总结

1.给孩子布置学习区的时候，要尽量减少干扰，让孩子距离床、玩具、电子产品远一点。

2.尽量别让小学低年级的孩子独自在房间里写作业。

3.家长陪伴孩子写作业，要小步渐进、逐步放手，从全程陪伴，到不时督促，最后不管过程，只验收结果。

扫码添加作者的公众号，回复"高分专注力"，即可获得"高分专注力全套落地工具"。

孩子缺乏目标，做事不认真，家长怎么办

内容提要

　　有些孩子缺乏学习动力，没有上进心，总想偷懒，做作业敷衍了事，只图快点交差。有的孩子让他多练几道题就叫苦连天，叫他多写几个字就十分不情愿。在这种被动学习的状态下，孩子的大脑完全处在无意注意状态下，做再多练习都是无用功。

　　家长怎么做才能激发孩子的学习动力？其实，你听过的许多"鸡娃"方法都是错误的！"奖励、星星榜"无异于饮鸩止渴，"谈理想、画大饼"相当于对牛弹琴，"等孩子开窍"更是天方夜谭！要培养自动自发的好孩子，关键在于"目标"二字：家长要先学会为孩子制定有效目标，再逐渐放权，让孩子自己给自己定目标。最终，孩子从"家长要我学"变为"我自己要学"，当孩子有了强劲的内驱力，离提分还会远吗？

一、"鸡娃"三大"坑"，你千万别踩

许多家长发现孩子学习没动力，几乎要采取"躺平"的姿态，父母一方面恨铁不成钢，另一方面也在想方设法调动孩子的积极性。但是，要提醒家长，千万别"病急乱投医"！

你听过的许多"鸡娃"方法都是错误的！"奖励、星星榜"无异于饮鸩止渴，"谈理想、画大饼"相当于对牛弹琴，"等孩子开窍"更是天方夜谭！这些所谓激发孩子动力的方法有些毫无用处，有些虽然暂时管用，但其实隐含着巨大的反噬作用。

下面列举三种常见的"坑"，希望家长别踩。

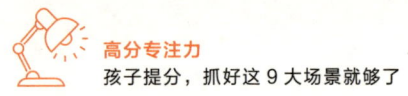

1."你好好学习，我就给你买游戏机"——奖励是饮鸩止渴，只会让孩子学会谈条件

为了让孩子有动力，很多家长首先想到的方法就是奖励。

"你只要期末考到 90 分，我就带你去迪士尼乐园。"

"你背出一个单词，我就给你一个积分；集满 10 个积分，就可以换一辆玩具车。"

"只要 8 点前把作业做完，我就让你看半小时动画片。"

奖励一开始，效果通常很好。一听到做作业还有奖励，孩子马上就来了兴致，积极性爆棚，做事效率大增。家长在一旁自鸣得意，以为得计。

然而好景不长，没过几天，奖励带来的动机加成逐渐下降，孩子逐渐"疲掉了"。并且，奖励还让孩子原本应该做的事情变成了可选项。孩子两手一摊说："好吧，我最近钱够多了，我今天先不做作业了。"家长就无可奈何了。

更让家长头疼的是，孩子从奖励中学会了讨价还价。有一天，孩子以彼之道还施彼身，学着家长的口气说："做一张卷子 10 块钱不够，我要 50 块！"家长看看要做的卷子，再摸摸手里的钱包，顿感囊中羞涩。狠一点的孩子还会威胁家长："如果你不让我玩手机，我就不上学了。"家长险些吐血。

奖励并不会增加孩子对学习本身的动机，只会让孩子把注意力放在奖励本身，这种方法不仅不持久，还会让孩子学会讨价还价。用奖励激发孩子，无异于饮鸩止渴。

2. "好好读书就能考上好大学，考上好大学就能找到好工作"——空谈理想不管用

家长："好好学习，就能考上好高中，考上好高中，就能上好大学，考上好大学，才能找到好工作……"

孩子："那不是很多人没有上大学，也当了大老板吗？"

家长无言以对，但一计不成，又生一计："你看爸爸我，当年在农村，就是通过学习，参加高考，上了大学，来到了大城市，改变了命运，才拥有了现在这么美好的生活！"

孩子不以为然："那我现在生活已经很好了，我很满足啊，为什么我非要改变命运呢？"

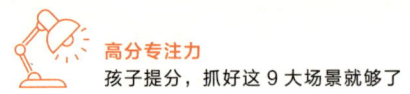

　　和孩子谈这种大道理基本是无用功。现在的孩子和父母的成长环境大不相同。一些父母小时候生活条件不够好，考大学是改变命运的唯一途径，再苦再累也要硬着头皮上。但现在的孩子生活条件很好，没有改变命运的冲动。家长说"刻苦学习是为了美好未来"，孩子只会觉得"现在的生活很惬意，何必要折磨自己"，这简直是对牛弹琴。

　　对于这一时代的孩子，真正健康持久的学习动力不向外求，而要看向内在。家长要让孩子体会学习的乐趣、进步的快乐、领先的喜悦，这些滋味让人欲罢不能，这才是孩子学习的真正动力。

3."有一天孩子开窍了，自然就会好了"——坐等开窍不靠谱

　　"孩子现在学习差没关系，有一天孩子开窍了，知道学习的重要性，他自己会努力的。我小时候也这样。关键还在于他自己，孩子如果不想做，家长怎么盯着都没用。等他自己想做了，不需要人盯着就会努力。"

　　我敢打赌，你一定听身边的人说过类似的话。听着很有道理，

不是吗？但很遗憾，这完全是错误的。其实，所有孩子都会开窍。所谓的"开窍"，一般男生较常出现在初三上半学期，女生会稍微早些。到了这个年龄段，孩子的大脑发育到了一个新阶段，看问题的角度更加全面。同时，随着中考临近，孩子会猛然发现，接下来的这场考试对自己至关重要，而考分由自己主宰。这种"我的命运我做主"的感觉，就叫开窍。

然而，开窍却有两种结果：

有的孩子开窍后，发现自己只要努力就能更上一层楼。于是他们奋发图强，一鸣惊人。这类孩子原先底子不错，可能不是名列前茅，但一般在中等偏上。这是他们奋发图强的资本。

另一类孩子，原先十分落后，基础薄弱，开窍后发现自己无论如何努力也达不到要求，只能陷入深深的后悔和自责之中，最后彻底放弃。"白了少年头，空悲切"，说的就是这种心情。

你可以问问那些对你说"孩子长大开窍后自然就会好，我小时候也这样"的人，他们小时候在"开窍"之前的成绩究竟如何？肯定不是倒数，最差也是中等，只是不太稳定。因此，家长坐等孩子开窍行不通。父母们要做的，是帮孩子培养好有意注意，扎实打好学业基础，当孩子开窍后，发现自己跳一跳够得着，他们将进入良性发展的轨道。

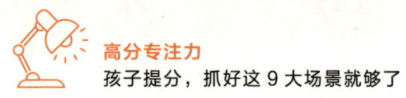

家长要激发孩子的学习动机，说教、奖励都是外部推动，效果不持久。我们要做的是扎扎实实提高孩子的实力，让他们品尝成功的喜悦，养成卓越的习惯。这样一来，即使以后你让他们"别那么拼"，孩子还不乐意呢！

二、用设定目标激发有意注意

很多人没有意识到，专注状态其实和目标有紧密关联。

驾驶技术炉火纯青的老司机，开车往往不专心。人脑很懒，当它发现不启用有意注意也能实现目标，那就怎么轻松怎么来。

怎么让老司机调动有意注意？提醒、安全教育，当然都没用。

有效的方法是：改变目标。

例如，告诉他我在赶飞机，就快来不及了——目标变为尽快抵达。或者告诉他，车上有一位很容易晕车的乘客，需要开得很稳——目标变为平稳驾驶。老司机原本的目标是"开了就行"，达到这个目标不用调动有意注意。然而，当目标变为"尽快""平稳"，司机就必须调动有意注意了。

对于敷衍了事、做事不认真的孩子，家长如何让他们调动有意注意？设定目标就是一个好方法。

巧妙地设置目标，可以引导孩子集中注意力，还能让他们从练习中取得进步。接下来我们就谈谈如何设置有效目标。

1. 目标要有质量、有标准

无效目标让孩子不专心。典型的无效目标是"做多久""做几遍"，例如：练 30 分钟钢琴、学 20 分钟乘法、朗读两篇课文。这些目标没有质量要求，孩子潦草完成反而能轻松、快速地交差，不久便学会了敷衍了事。

为了激发孩子的有意注意，我们需要提出明确的质量标准：

① 把新课文一字不错地全部朗读一遍。

② 家长随机出 4 道 100 以内的乘法题，要求孩子做到全对。

③ 要背的 10 个单词，家长说中文，孩子默写英文，要求全对。

如果达不到这一标准，就需要继续练习，直到完成目标。如此一来，孩子发现越快达到质量标准才能尽快结束任务，自然就会调动有意注意，专心致志地完成。当孩子达到标准，通过挑战，他们也会有很强的成就感。

小贴士

生活中，低挑战的任务也无法避免，家长不能要求孩子每项任务都要高标准完成。家长只需要确保孩子不能每项任务都在走过场，每天需要有一些高质量、高强度的训练，让孩子保持有意注意的状态。

2. 目标要精简

要求过多也不好。例如孩子解数学题，有的家长要求孩子正确率高、格式标准、书写端正、坐姿标准、不做小动作、握笔端正……写作业时，家长不断地纠正孩子，而孩子往往这个要求达到了，那个又没做到。

其实，家长和孩子的精力都是有限的，我们不可能面面俱到——样样都要结果，往往是一样都做不到。所以一定要集中优势兵力，攻破重点目标。每次作业，选择 1 ~ 2 条最为重要的衡量标准即可，例如：数学计算，保证正确率就行，不必纠结字写得是否好看；背诵课文，能流畅背对就行，孩子做些小动作也无所谓。目标聚焦、明确，孩子有的放矢，更能调动有意注意。

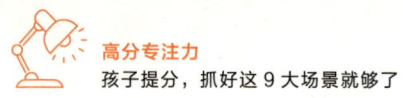

小贴士

计划外的要求并非不重要，只是在当下的训练中要暂时搁置。例如，孩子做计算题只要求做对即可，书写习惯可以在练字时专门练习。

3. 提前说好，而非过程中不断加码

我经常接待家长和孩子一起参与咨询。有的家长不断给孩子发出指令："快进来！""叫老师好！""老师问你要回答。""坐在这儿！""别乱动！""不许插嘴"……孩子既紧张，又抵触。

我一般会提前和孩子说好两点要求。

第一，当我和你的爸爸妈妈讲话的时候，你可以在这儿走动，也可以看这里的图书，不发出声音就行。

第二，如果我们要和你说话，请你坐在沙发上，眼睛看着我们。

明确了这两点要求，孩子通常都能配合。

小贴士

如果在做作业过程中发现原先的目标有漏洞，尽量别临时修改，而是暂时放过，等下次做作业时再调整目标。

所以，家长在孩子做作业之前，要仔细想好 1～2 条明确、聚焦的质量标准，提前告知孩子，当孩子清楚地知道自己的目标后，更能调动有意注意。

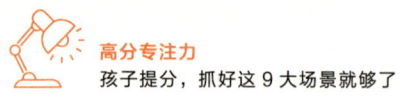

三、让孩子自己定目标

每次都要家长制定目标,是难以持久的。怎样让孩子实现自驱?让他们自己定目标。

当家长基本能做到通过设定目标，让孩子专心完成作业，就可以引导孩子给自己定目标。这有两个好处。

第一，父母对孩子的爱，是为了分离做准备的。父母没法每次都提前帮孩子梳理任务目标。让孩子学会这一技能，才能帮助他们走向真正的独立。

第二，这能进一步激发孩子的动力。人们总是对自己亲手制定的目标更有动力。孩子自己定目标，也会更加积极地去完成它。

让孩子自己定目标，家长可以遵循以下步骤。

1. 提问

任务开始之前，家长可以通过提问，引发孩子思考，对自己即将开始的任务有一个预设目标。例如：

① 保质保量完成今天所有的作业，你预计用多久？

② 你预计用多久，能背会这 20 个单词？

③ 这张数学试卷，你预计能考多少分？

提问后，要给孩子一段时间仔细思考，当孩子说出自己的目标，就让他写下来，用于之后做对比。

2. 放权

有时候，孩子设定了目标，家长忍不住会横加干涉："这 30 道计算题，你能做对几道？"

孩子："我争取全对！"

家长："你做不到的，你昨天才对了 20 题呢！要求放低一些吧。"

孩子："好吧，那我就做对 20 题吧。"

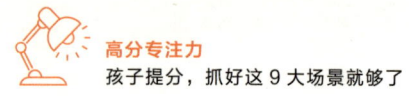

家长："这也太少了！太不思进取了！你只要认真做，专心点，肯定能比昨天好。目标定 27 题！"

……

如果孩子定了目标，家长又横加干涉，只会让"孩子的目标"成了"家长的要求"，起不到任何自驱的作用。

要让预估目标起效，家长一定要充分放权，不论孩子定什么目标，家长只需要允许，并且让他们把目标写下来就行。

3. 对比

孩子完成作业后，要把实际的正确率和设定的目标对比一下。如果孩子达到了目标，家长要及时鼓励他，问问孩子："你怎么做到的？"如果孩子没有达到目标，可以安慰一下孩子，同时问问孩子："没有达到目标，是什么原因呢？下次打算怎么办？"如果是因为目标过高，可以允许孩子下次把目标降低一点；如果孩子自己说分心了，家长要及时肯定他们能从错误中学习。

家长一定要牢记设定目标的初心。设定目标，不是为了达到目标，而是让孩子有动力，更能调动有意注意，增进孩子对自身能力的了解。如果孩子没有达到目标，家长千万不要责备他："你自己说好的，怎么做不到呢？"这只会让孩子更加气馁，下次再让他们定目标时，孩子就会定一个一定能达到的低目标来逃避羞辱。

孩子敷衍、潦草、没动力，家长要在目标上多下功夫。提前讲清楚目标，让孩子有方向感；孩子达到目标，会有喜悦感；让孩子自己定目标，他们会有力量感。有了目标，孩子越学越专注；有了目标，孩子越学越快乐。

本章总结

1.家长应慎用奖励、少用奖励，它不能激发孩子长久、健康的学习动机，反而会让他们学会讨价还价。

2.提前和孩子说好一个具体、明确的目标，让孩子有明确的方向。

3.引导孩子自己设定目标，并且和实际情况不断对比，能有效激发孩子的学习动力。

扫码添加作者的公众号，回复"高分专注力"，即可获得"高分专注力全套落地工具"。

场景

6

孩子答应得好好的，却总是做不到，家长怎么办

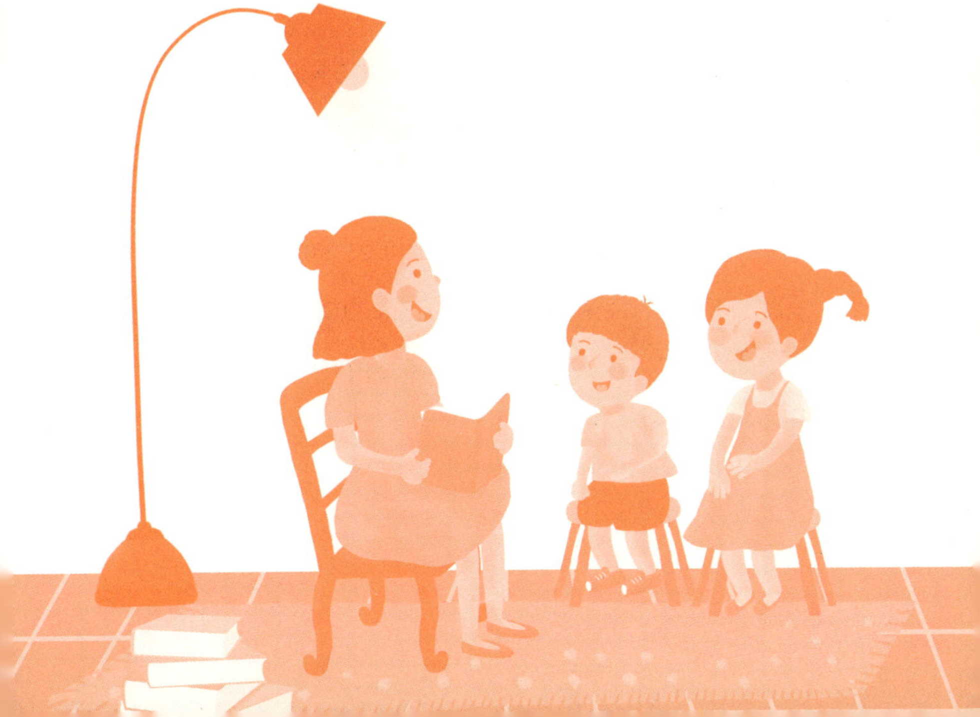

内容提要

你为孩子"说话不算话"烦恼过吗？孩子答应只看半小时电视，时间到了却不肯停下，非要再看 5 分钟；和孩子说好 9 点前完成作业，孩子信誓旦旦满口答应，结果时间到了才写了一半……孩子说到做不到，不肯坚持、易放弃，学习当然好不了！

其实，没有不守信用的孩子，只有不会制定规则的家长。绝大多数时候，孩子"说到做不到"是因为家长缺乏规则或一再让步，这非但没有养成孩子自律自控的好习惯，反而助长了孩子撒泼耍赖的毛病。父母要让自己的话有分量，就要用"三要素"法制定约定，再给约定做好"排雷"和"双保险"。家长只要这样做，孩子就能百分之百地执行约定，说到又做到！

一、家长妥协让孩子学会撒泼耍赖，而非有意注意

东东很喜欢玩电子游戏，一旦玩起游戏来就什么都顾不得了，如果父母不管，他能玩一整天。东东妈妈决定，必须培养孩子的自制力，让孩子懂得节制。她和东东约定，每天只能玩30分钟游戏。东东爽快地答应了。然而，一旦把平板电脑给了东东，他很难信守约定。下面这一幕，就是发生在东东家的日常。

妈妈："还有10分钟，约定的时间就要到了哦。"

孩子："知道了！"

妈妈："还有5分钟哦，准备关掉了！"

孩子："好了别说了！烦死了！"

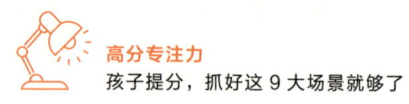

妈妈："时间到了！你怎么还在玩？"

孩子："这关还没结束！还差一点点，让我把这局玩好！最后 1 分钟！"

妈妈："已经超时 3 分钟啦！"

孩子："再给我 2 分钟吧！就最后 2 分钟！"

……

这样的情况很常见。当孩子说到做不到，很多家长会责怪孩子"不守信、不自觉"。然而，问题其实不出在孩子身上，而是出在父母身上。

案例中，东东妈和孩子约定好游戏只玩 30 分钟，她自己却没有保持坚定，一再答应孩子延长时间的请求。家长这样做其实是自己破坏了约定，为孩子做出负面榜样，用行动告诉孩子：妈妈说的话没有分量，约定也不用遵守，你只要撒撒娇、发发脾气，就能让说好的事情随时更改，让我的底线一再降低。家长如果经常这样做，非但无法培养孩子的注意力和自觉性，反而让孩子学会了撒泼耍赖，只会变得更加沉迷、放纵。

其实，孩子如果有令其难以自控的爱好，比如玩电子游戏，反而是一个用来培养孩子有意注意的好机会。家长要使用恰当的方法和孩子达成约定，再用和善而坚定的方式督促孩子遵守约定，这么做能有效引导孩子付出意志努力，克制自身的冲动，约束自己的行为，让他们的有意注意得到充分训练。

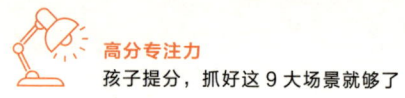
二、"三要素"有效约定，激发有意注意

让孩子遵守约定的前提是达成有效的约定。约定一定要符合三个标准：具体，精确，做得到。不符合这三点的约定最后都难以执行。

1. 具体：孩子一听就知道怎么做

有效约定的第一个要求就是具体。所谓具体，就是孩子一听就知道应该怎么做。不具体的约定通常都难以执行，例如，"今天一定要乖哦"，怎样的表现才叫乖？这样的约定让孩子无从下手。"今天听课要认真一点！"具体怎样才叫认真？孩子不知道。

这样模糊笼统的约定，说了等于白说。

不具体的约定还会带来其他麻烦：你和孩子对要求的看法可能会有争议。做到怎样才算乖？什么样的表现是认真？不同的人可能有不同看法，这样的约定也难以衡量和检验，没有清晰的标准能够判断孩子是否达到了要求。

什么是具体的约定？"完成一张数学试卷，做好以后自己批改，再把错题订正好""坚持跑步 500 米""正确默写 10 个英文单词"，这些约定都非常具体，孩子一听就明白要做什么，要求很明确，双方不会有任何争议，也便于家长检验。这样的约定，自然更容易执行。

2. 精确：孩子知道什么时候开始

约定一个精确的时间，让孩子知道具体在什么时候要做什么事。如果没有约定具体的时间，家长难以督促孩子，很容易发生扯皮现象。

例如，有一位家长和孩子约好"今晚由孩子洗碗"。大家吃完晚饭是晚上 6 点 30 分，家长就提醒孩子："记得去洗碗哦！"孩子说："知道了！我会洗的。"到了 7 点 30 分，家长看到脏碗还在水槽里，不由得开始心急了，问孩子："碗怎么还没洗？"孩子不耐烦地说："我说好了会洗的呀，催什么催！"8 点 30 分，孩子准备去洗碗，发现碗已经被家长洗掉了。没有遵守约定，孩子很沮丧，家长心里也不好受。

在这个案例中，最大的问题是没有约定精确的时间。如果说好"今晚 7 点半开始洗碗"就可以避免此类冲突，时间一到，如果孩子没去做，家长就可以义正词严地去督促孩子开始。

3. 可控：凭孩子的能力可以做到

一些家长和孩子这样做约定，"今晚 9 点前必须完成作业""30 分钟内把这张卷子做完"。有些时候，还要定一个倒计时来提高孩子的紧迫感。我非常不提倡这样的做法，原因有二。

第一，每次作业的难度、数量大不相同，谁都无法判断完成它们要多久。举例来说，如果我问你要多久才能读完本书？你的答案也是"不知道"。如果要求你 10 分钟读完本书，那最后的结果只能是潦草地翻一翻，对你不会有多大帮助。

第二，规定孩子完成任务的时间，相当于通过激发孩子的紧张感和恐惧感来提速，久而久之，孩子不仅会对学习更为抵触，有的孩子为了在规定时间内完成，反倒学会了潦草敷衍，这和家长的教育目标背道而驰。

我们建立约定，要确保孩子在自己的能力范围内可以达成。例如，家长可以和孩子约定"7 点开始写作业"，也可以约定"30 分钟后关电脑"，这样的要求孩子在能力范围内能够做到，也便于家长在到了约定时间时督促孩子。

孩子不遵守约定，家长首先要做的，是反思自己的约定是否有效。有效约定必须符合三条原则：具体、有精确时间、凭孩子的能力做得到。例如，"今天 7 点整开始刷牙""8 点半把电视关掉""明天上午 10 点和我出门跑步 30 分钟"，这些都是有效约定。

三、家长做好这两步，孩子百分之百履行约定

做好了约定，孩子就一定会遵守吗？

肯定不是。

达成有效约定只是培养有意注意的第一步。孩子不守约定再正常不过了。家长千万不要在孩子没有执行约定后数落他，这只会让孩子心里暗暗后悔，可能下次就再也不答应你什么了。

我们要提前做好准备，协助孩子"说到做到"。

1. 为约定"排雷"：和孩子列一份"失败清单"

邓亚萍在她的著作《心力》中谈到，每次重大比赛前她都会列一份"失败清单"，写出比赛中可能遇到的所有突发情况和解决它们的方案。家长在和孩子达成约定后，也要列一份这样的"失败清单"。

绝大多数时候，孩子违约并非不想守约，而是因为约定的事情对孩子来说是比较困难的，比如做作业、关电视，都需要孩子付出有意注意。因此，我们要提前和孩子一起讨论如何克服这些困难。

例如，家长和孩子约定好只能玩 30 分钟游戏，就需要问孩子："有什么困难，会让你没法按时停下来把平板电脑交给我？"同时拿出纸笔记下孩子想到的问题。孩子想到的两个可能的困难会是：

① 当时玩得正起劲，忘记了时间。

② 一局游戏玩到一半，突然中断会很难受，也会坑队友。

家长和孩子列出所有困难后，就要一一寻找解决方案。家长可以继续启发、引导孩子，让孩子思考解决问题的办法。以下是孩子想到的解决方案：

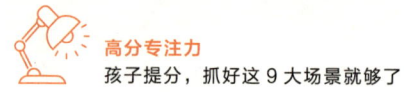
① "忘记时间"的解决办法：孩子自己上一个闹铃。

② "没有玩好"的解决办法：先玩一局 20 分钟的，剩下的时间看短视频。

在寻找解决方案时，孩子需要调动有意注意进行深度思考，积极地寻找解决办法。当他们找到方法，会很有成就感；这些方法是孩子自己找的，而非家长的建议，孩子也就更愿意执行，从而更容易遵守约定。并且，孩子找到的自律方法是长效的，即使他们长大了，依然可以用这种方法来管理自己的娱乐时间。

小贴士

家长需要注意，这个过程一定要以家长启发为主。如果孩子实在想不出方法，家长可以多提几个方案，再让孩子选一选。

家长切忌直接给孩子提建议，这无法激发孩子的有意注意，而且即使家长的方法起效，孩子也没有成就感，反而养成了依赖的习惯，下次遇到问题还会找家长解决。如果家长的方法无效，孩子自然而然地"甩锅"给家长。不论哪种情况，都没有调动孩子的主动性，激发他们的思考，也就达不到锻炼孩子有意注意的目标。

2. 给约定上"双保险"：家长不吼不叫，让孩子承担违约责任

就像签合同要明确违约后果，和孩子做约定也要谈好违约责任。它能给约定上一道保险，让约定真正发挥效力。

所谓违约责任，就是当孩子没有遵守约定时要承担的后果。这里一定要特别说明，违约责任不是惩罚。所谓惩罚，就是让孩子痛苦、受辱，从而指望他们记住教训、改正错误。惩罚通常会激发对抗，即使孩子屈从了，内心也会不服，也会对孩子的心理健康、亲子关系造成很大的负面影响，甚至有一天孩子会用类似的方法"惩罚"父母。"如果你不让我玩游戏，我就不上学""如果你没收平板电脑，我死给你看"，这都是青少年在用类似方法惩罚、威胁父母。

要区别于惩罚，违约责任必须符合以下两个标准。

（1）相关

所谓相关，就是后果和约定的内容要有关联。例如没吃完主食不能吃零食、题目做错就要订正，这些都是相关的后果。如果后果和约定内容无关，那就都是惩罚。例如，玩游戏超时就要多做两套数学试卷；考试不到 70 分，晚饭就没得吃，这些后果和

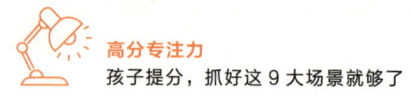
约定本身无关，都是家长为了让孩子受苦而强加的惩罚。

（2）合理

后果的程度要合理。例如，和孩子约定"如果违反一周看一次电视的约定，以后就再也不让你看电视了"，这样的后果过于严重，而且家长也不可能真去做。制定违约责任的目的并非不让孩子看电视、玩游戏，家长制定违约责任也是为了培养孩子的自控能力，让他们有朝一日能在家长不监督的情况下依然合理地使用电子产品。因此，我们制定的违约后果要让孩子有继续练习的机会，让他们能在持续的锻炼中培养有意注意，最后养成自律的好习惯。

我们继续来看东东妈妈的做法。当她和孩子沟通，达成了关于玩手机的约定，也探讨了可能遇到的问题和解决办法后，她就开始和孩子一起制定违约责任。

妈妈问："如果超过一小时，没有还给我，我能做什么？"

东东："什么意思？"

妈妈："就是，如果你违反约定，需要承担后果。不过我要说清楚，这不是惩罚，而是要给你机会练习如何控制自己玩手机。"

东东："如果我超时了，我就再也不玩了！"

妈妈："不行哦。妈妈制定这个违约责任，目标并不是不让你玩，而是让你不断练习，达成约定，来提高自己的独立性。这样，有一天你就能自己管好自己啦！你来想想，还有什么方法？"

东东："唔……那我如果违反约定，就暂停一天，怎么样？"

妈妈："这听起来很不错，我们就这样执行试试看！"

和孩子制定了违约责任，就相当于为约定上了一道保险。如果没有违约责任，家长就会担心孩子不守约定，约定成了一件困扰家长的事情。有了这道保险，家长不必担心孩子是否遵守约定，他们违约，家长就和善而坚定地执行后果，守约就成了孩子的事。

为了避免孩子遗忘和扯皮，最好把约定和后果都写下来。

如果孩子违约，家长就和善而坚定地执行后果，既不要因为孩子有情绪而妥协退让，也不要借题发挥，数落孩子："你看吧，谁叫你没有遵守约定……"

　　孩子说话不算话，我们不能指责孩子不守信用，而要反思自己是否做到位。家长首先要确定具体、精确、可行的"有效约定"，再和孩子列出"失败清单"，扫清所有的拦路虎。最后和孩子讨论违约责任，给约定上一道保险。家长只要做好这三部曲，孩子就能"说到又做到"！

本章总结

1.总是制定好约定不执行，家长丧失权威感，孩子缺乏自控力，反而学会了撒泼耍赖让家长妥协。

2.有效的约定要符合这三点：孩子知道要做什么，什么时候做，孩子做得到。

3.家长要提前和孩子探讨可能阻碍他遵守约定的困难，谈好违约责任。

扫码添加作者的公众号，回复"高分专注力"，即可获得"高分专注力全套落地工具"。

孩子拿起手机放不下，
家长怎么办

内容提要

　　随着电子设备的普及，手机成了家庭教育的一大难题：孩子拿起手机就放不下，带着手机进房间，边写作业边看手机。上网课时偷偷看视频，有的孩子甚至沉迷网络，茶饭不思、不愿上学……毫不夸张地说，滥用手机就是孩子学习的拦路虎！

　　父母千万别想着"孩子早晚都要用"就贸然给孩子买手机，这就像"孩子早晚要上街"，就让两岁孩子自己过马路一样疯狂！要让孩子合理用好电子产品，家长要遵循"小步爬山"法，一手"放权"一手"锻炼"，随着孩子自控能力逐步增强，再逐步放权给他们。同时，家长还要用"四法则"让孩子感悟现实世界更精彩，有效预防孩子形成网瘾。

一、别给孩子的有意注意过大的挑战

随着互联网和电子设备的普及，孩子们越来越依赖手机。孩子们常常拿起手机就放不下，一有空就要玩手机；带着手机进房间，说是写作业要查资料，其实就是边写边玩儿；上网课时偷偷看视频、和同学聊天；家长要他放下手机，孩子反过来要挟父母"你不给我手机我就不写作业了"；有的孩子甚至因沉迷网络，茶饭不思，甚至不想上学、不愿出门……

家长究竟如何培养孩子的有意注意，让孩子合理使用手机呢？

我们来看一个案例：

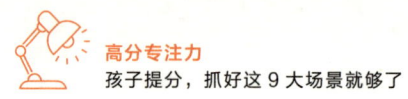

六年级的冬冬央求妈妈给他买一部手机："妈妈！同学们都有自己的手机，他们都在手机上聊天、打游戏，我没手机会被大家孤立的！别人都有，凭什么我没有？"

妈妈听了很为难。冬冬爸在旁劝说："还是给孩子买吧！堵不如疏，以后孩子早晚要用手机的！"于是，妈妈在冬冬生日时给他买了一部手机作为礼物。

一开始，冬冬使用手机还略有节制，但几周以后，冬冬的游戏瘾越来越大，每天一放学就把自己关在房间里玩游戏。有一天凌晨一点，妈妈居然还听到冬冬房间里传出玩游戏的声音！妈妈着急了，她去和冬冬商量把手机交给大人保管。但冬冬说什么都不肯，面目狰狞地对妈妈喊："这是我的手机，你凭什么没收！"

冬冬妈妈非常懊悔："早知道这样，当初就不该给他买手机！"

1. 面对有意注意不足的孩子，手机就是洪水猛兽

许多家长弄不明白，自己小时候也用手机，也玩游戏，为什么自己没有上瘾，现在的孩子怎么那么容易沉迷呢？其实，并非现在的孩子意志薄弱，而是手机和游戏已经今非昔比。以前的手机主要是通信工具，现在的智能手机更像是一台微型电脑。借助

手机，孩子可以自由进入互联网世界。以前的游戏，如纸牌接龙、贪吃蛇主要是消遣。现在的游戏画质精美、剧情精彩，让人欲罢不能。

合理地使用电子产品，其实是有意注意和无意注意的博弈。一方面，手机中新奇的网络世界撩拨着孩子的无意注意；另一方面，要管理好时间，及时放下手机去做自己该做的事，任何人都需要有意注意。然而，当孩子面对手机和游戏时，这并不是一场对称的"战争"。

这场战争的一方，是大脑皮层未发育完全，自控力和有意注意极为有限的孩子，而战争的另一方，是一条庞大的产业链。在大量资本的加持下，无数 IT 精英，手持世界最先进的网络技术，夜以继日地钻研怎样让人在游戏里投入越来越多的时间、注意力和金钱。于是，短视频软件总能利用大数据，精准地推送给你感兴趣的内容；游戏则总是能巧妙地满足你的成就感，让你玩了一局还想玩下一局。在这样浪潮般的攻势下，许多成年人都败下阵来，让有意注意不足的孩子去挑战由无数精英构成的产业链，结局可想而知。

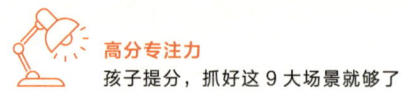
2. 毁掉孩子最快的方法，就是给他手机却不教他怎么用

许多家长将手机作为礼物送给孩子，却没有约法三章，或者立下约定却只停留在口头上没有贯彻执行。这会让孩子形成这样的信念："手机是我自己的，我想怎么用就怎么用。"等父母看到孩子行为失控，再想插手管理时，孩子便大发脾气，甚至用不做作业、不上学来要挟父母。此时许多家长会选择先退让、妥协，孩子看到自己大发雷霆可以迫使父母让步，反而学会了用过激行为来对抗父母的管理，让家长更难监管。也有家长强行没收，甚至砸毁孩子的手机，这势必激发更为激烈的冲突，甚至不少孩子以命相搏。

给孩子一部手机，却不锻炼他们有意注意的能力，不教会他们如何使用，就等于孩子还没学会开车，父母就给了孩子一辆车一样，是极不负责任的失职行为。与其亡羊补牢，不如在刚开始给孩子使用电子产品时，就小心谨慎一些，有一个循序渐进的过程。

3. 完全禁止也不行——孩子没有机会锻炼，反而恶性补偿

有的家长看到这里不免心惊肉跳，心想："那还不如一刀切，完全杜绝孩子接触手机得了。"然而，这样做也行不通，原因有二。

第一，这并不现实。现如今，孩子很多的课程都通过在线学习，一些作业还需要查资料完成，孩子接触电子产品在所难免。

第二，如果家长完全不给孩子支配电子产品的权力，他们也就无法学会怎样合理地使用它们。然而，孩子总有一天会使用手机，那时孩子面对到手的权力反而会不知所措。我们经常听到这样的新闻：一些家长对孩子的管束过于严苛，这也不许、那也不让，迫使孩子一门心思好好学习。然而，等孩子进入大学后，家长再也管不了，孩子就开始报复性补偿：晚上通宵打游戏、白天逃课睡大觉，最后导致自己无法毕业。

总而言之，手机是新时代下家长在家庭教育中面临的极大挑战，它能迅速抓住孩子的无意注意，孩子很难自主管理。面对这一挑战，家长既不能放手不管，让孩子直接暴露在巨大的诱惑之下，也不能彻底不让孩子接触，这两种方法都不能锻炼孩子的有意注意，无法达到让孩子合理使用电子产品的目标。

二、"小步爬山法"：引导孩子用有意注意合理使用手机

在健身房举杠铃要遵循小步渐进的原则。力量不足就不要举过重的杠铃片，否则，一定会肌肉拉伤。我们要根据自身的肌肉力量来举合适的杠铃。用这个重量训练一段时间，肌肉力量提高了，不觉得杠铃很沉了，再稍微增加一点重量。

家长引导孩子用手机也是这样。孩子自控力不足，家长贸然给他买手机，就像一下子要举过重的杠铃。我们要给孩子合适的挑战，一定要把握好"放权"和"锻炼"的平衡。所谓放权，就是根据孩子有意注意的能力水平，给孩子逐步提供合适的挑战。所谓锻炼，就是家长和孩子制定规则、明确监督后果，协助孩子合理地用好手中的权力。两者结合，孩子和家长一起小步渐进，随着孩子有意注意的能力不断提高，他们也拥有了越来越多的权限，最终能够自主合理地使用手机。

1. 放权：循序渐进地放宽权限

家长给孩子放宽权限，一定要根据孩子的年龄和自控力，循序渐进地来实施。当孩子在这一项任务上能够做到按约执行、不逾规矩，我们再给更高挑战的项目让孩子尝试，切忌一股脑儿把权力丢给孩子，还不加管理。等孩子适应后，家长再去收回权力，亲子间就不免爆发激烈冲突，这时就覆水难收了。

下面涉及电子产品的各项权限，根据对孩子有意注意的要求由低到高排序依次是：

① 借用父母的手机、平板电脑等电子产品临时使用。

② 拥有自己的手机，在父母监督下临时使用。

③ 自由支配、不受管束地使用电子产品。

家长要循序渐进地，一点一点给予孩子更多的权力。每给孩子一项权力，都要有相应的约束和责任，让孩子从中培养自控能力。随着能力提升，孩子又能得到更高的权力……久而久之，当

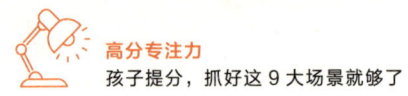

孩子长大成人，拥有了所有的权力，这时候他们已经受过训练，完全有能力使用好它们了。

不难看出，要做到这一点，关键在于父母给孩子放权时，如何使孩子更好地锻炼自己，培养自控能力，而这需要家长和孩子制定约定并贯彻执行。

2. 立约：说好怎么用，用多久

自由都有边界，任何权力都伴随着义务。家长放权时，如果只是把权力一股脑儿丢给孩子，却没有制定相应的规则和约定，那不叫"放手"，而是"放纵"。在给孩子放宽权限前，家长要与孩子约法三章。

关于使用电子产品的约定主要包括两件事：怎么用和用多久。

所谓怎么用，就是要和孩子约定电子产品可以用来做什么，不可以做什么。例如，家长可以和孩子约定：只能用平板电脑看动画片，不能打开其他应用软件，也不能玩游戏；也可以和孩子约定，玩游戏需要经过家长的同意，让父母知道自己在玩什么，不能瞒着家长私自安装新游戏软件。

所谓用多久，就是家长和孩子约定什么时候可以用，每次用多久。例如，家长可以和孩子制定玩手机游戏的约定：周一到周五不能玩手机游戏，双休日每天最多玩半小时，等等；也可以和孩子说好，必须完成当天的作业才能玩手机。

小贴士

在制定时间约定时，可以参考卫健委制定的不同年龄段的孩子观看屏幕的时间。

小于 2 岁：不建议看屏幕。

3 ~ 5 岁：每天小于 1 小时。

6 ~ 17 岁：每天少于 2 小时。

3. 监督：让权力在阳光下运行

"我们做了约定，但我也没严格执行……"

"说好了每天使用手机多久，我就相信他，不去管了，没想到……"

许多家长以为和孩子做好约定就大功告成，对孩子使用手机的情况不闻不问，结果发现孩子压根没有执行约定。因此，父母和孩子做好约定后还必须明确监督措施。

一谈到监督措施，很多家长就会有这样的顾虑："这不是不相信孩子吗？"要遵守规则，不仅是态度问题，还有能力问题。我们可以相信，大多数孩子是想要遵守约定的，但对他们而言，想要抵制"再玩一盘、再看一会儿"的诱惑是有难度的。在缺乏监控的情况下，孩子遵守约定很难，当他们没有守约，自己也会感到挫败，家长也会因此怀疑孩子，从而陷入恶性循环。

因此，家长和孩子立约后，就要立即和孩子讨论如何监督。父母可以问问孩子：我有什么方法可以监督你按时关掉手机？我如何确保你只玩了我们约定好的游戏？我怎么知道你在上网课时没有看其他视频？

以下监督措施较为常用，供家长参考。

① 孩子使用电脑查资料，需在客厅进行。

② 手机不用时放在指定位置，不能带进房间，也不能放在学习桌附近。

③ 做作业期间要查学习资料，需要家长在旁边。

④ 父母设置"使用时间"。

⑤ 安装新软件需要父母输入密码。

在刚给孩子一项新权力时，家长需要频繁地监督。持续一段时间后，如果发现孩子都遵守了规则，家长就可以降低监督、抽查的频率。

家长制定监督方式，可以大大降低孩子自控的难度，孩子在有监督的情况下遵守规则会比无监督下容易得多。这既能帮助孩子建立自信，让他们感受到"我能做到"，同时也增加了家长对孩子的信任，家长最后放手时也会放心。

4. 担责：让孩子承担违约后果

有了监督措施，还要有违约责任。合理使用手机是一项较大的挑战，孩子违反约定是难免的。家长要坦诚、直接地与孩子讨论，如果违反约定孩子将承担怎样的后果。制定后果，不是为了让孩子吃苦头，也不是剥夺权力不让他们用手机。其真正目的，是让孩子承担责任，进一步培养有意注意，早日能实现自我管理。违约责任要符合以下两点。

（1）相关

违约后果一定要和约定本身相关。无关的通常都是强加的惩罚。例如，"玩手机超时，罚抄两遍课文""上网课时看其他视频，不给吃晚饭"，这些都是惩罚，起不到应有效果，还会让孩子产生叛逆、对抗的情绪。

（2）有机会

孩子违约，家长可以暂时收回他们使用手机的权限，也可以增加监督力度，但不能彻底收回孩子的权限，要继续给他们管理自己健康使用手机的机会。有时候，孩子会主动说："如果我超时就再也不玩了！"家长也要否决这一提议，告诉他："不是为了不让你玩，而是为了让你提高自制力，有一天能自由合理地使用电子产品。"

例如，家长可以和孩子约定，如果他用手机超过约定时间，第二天使用手机的时间取消，第三天让孩子继续尝试。

综合使用以上四步：放宽权限、和孩子立约、明确监督手段和承担违约后果，家长可以放心地将手机交给孩子，这样孩子每次使用电子产品，都是一次锻炼有意注意的机会。等到孩子能顺利遵守现阶段的使用手机的约定，他们的有意注意和自控能力都得到了提高，家长再开放更多权限让他们尝试，直到孩子能够完全做手机的主人。

下面是一位家长和上初一的孩子达成的手机使用约定，大家可以参考。

手机使用约定

① 周一到周五不能用手机玩游戏。

② 周六、周日每天有 30 分钟游戏时间，时间到了自己停下，如果超时，扣除下一次游戏时间。

③ 每天早晨 8 点前、晚上 9 点半后不能使用手机。

④ 使用手机需要父母在场，手机不用时交给父母保管。

⑤ 学习上如果需要使用手机，需要向父母申请，在父母在场时使用。

⑥ 安装游戏或其他应用软件须经家长同意。

⑦ 不定期讨论手机使用心得。

孩子签名：　　　　　　　　家长签名：

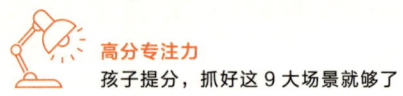

三、有效预防网瘾：让孩子在现实世界满足心理需要

近年来，孩子们的网瘾问题集中爆发。我总结发现，最根本的原因在于疫情期间，中小学生居家在线学习，很多家长在没有制定约定和监督措施的前提下把手机交给孩子，结果许多自控力不足的孩子在这一阶段开始沉迷网络。

几年内，我接了很多网瘾拒学的案例，也成功地把十几位网瘾拒学的孩子送回校园。我和同行交流后发现，沉迷网络的孩子都有类似的特点——他们获得快乐的途径非常单一，只有游戏。

1. 网瘾少年是怎样炼成的

我们不妨来刻画一下一个典型的网瘾拒学少年。

在接触游戏之前，他的生活单调而枯燥。他的父母对成绩高度重视，从他小时候就逼着他学习。孩子对学业既没有兴趣，也得不到成就感：考砸了会遭到批评训斥，考好了家长又会提出更高的要求。父母的期望是他无法触及的线，在家长眼里，他永远不够努力。他的课余时间都用来补习，没什么真正的爱好。直到有一天，他在手机里下载了一个游戏，就像打开了一个崭新的世界。在这个新世界里，有陪伴、有成就、有鼓励、有自由、有故事……在这里，他找到了真正精彩的人生。当他打开游戏，他仿佛才开始真正的生活，就像《盗梦空间》中那些靠药物生活在梦境中的人——"他们不是去沉睡，而是在醒来"。

终于有一天，他的父母发现了，家长既愤怒又恐惧，他们想要没收甚至砸掉孩子的手机。孩子不知道哪里来的勇气，为了捍卫自己找到的新世界，一只脚跨在窗台上，歇斯底里地喊道："你们再过来，我就跳下去！"父母害怕了，孩子关上门，进入自己的新世界，没日没夜……

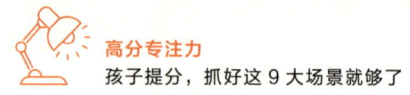

　　孩子之所以沉迷网络，是他们的诸多心理需要在现实世界满足不了，只能诉诸虚拟世界。要避免孩子沉迷网络，就要鼓励他们在真实世界中满足内心的种种需要。家长可以从以下几个方面入手，防患于未然。

2. 让孩子做家务，通过贡献获得价值感

　　《你要如何衡量自己的人生》一书中谈到，过去孩子和家长经常一起做家务，孩子能从中学到很多。现在的家长把一切事务，包括孩子的教育都外包给专业人员，孩子反而丧失了许多学习机会。

　　做家务是孩子获得价值感的重要方式。所谓价值感，就是感到自己被他人需要。孩子小时候总喜欢抢着帮父母做家务、帮老师擦黑板，能帮到大人让孩子十分自豪。

　　然而在许多家庭，孩子几乎不做家务，父母常对孩子说："你把书读好就行了，其他的事情不用管。"久而久之，孩子把学习成绩当作实现价值的唯一途径，一旦在学习上遇到挫折，就容易认为自己一无是处。当他们发现在网络世界中能获得大量价值感，自然一头扎进网络中难以自拔。

因此，家长有必要让孩子做家务，让他们从小就学会通过为他人做贡献来获得价值感。家长引导孩子做家务时要注意以下几点。

① 自主选择：安排家务活时，家长要避免命令，而要提供选择。父母可以把所有的家务列出来，大人和孩子各自挑选自己想要担任的部分。

② 轮换机制：如果做的家务一成不变，孩子很难坚持。家长不妨每周轮换分工，让孩子对家务活有新鲜感。

③ 不给奖励：为家庭做贡献是获得归属感和价值感的宝贵机会，给了钱反而让这份体验贬值，还会让孩子形成"为家里做贡献要给钱"的观念，这不是正确的观念。

下面是一个家庭的"家务活安排表"：

	孩子	爸爸	妈妈
扫地	√		
拖地			√
洗车		√	
买菜		√	
叠被子	√		
洗碗			√
试运行一周			

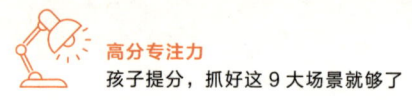

3. 广泛培养兴趣爱好，让孩子体验真实世界的乐趣

和众多"80 后"一样，我从小到大也没少玩游戏，但我没有游戏瘾。究其原因，是我发现现实生活远比游戏有趣。上初中时，我父亲见我拿着一本空手道的书自学，他鼓励我去道馆练习空手道。从此我喜欢上了武术，在高中时拜师练习传统武术。体验过了刻苦训练后的酣畅淋漓和格斗对抗时的紧张感，网络格斗游戏对我再也没了吸引力。在宠物方面，我父母也非常开明。我喜欢小动物，在家养过蛇、蜘蛛、蝎子、蜈蚣……于是，我对《神奇宝贝》和虚拟宠物再没了兴趣。长大以后，我考了驾照，之后对《极品飞车》等竞速游戏再也提不起兴趣，就连曾经最爱的模拟飞行也吸引不了我了，因为我想有朝一日真的去学习开飞机。反思过往，是父母开明地允许我体验生活的不同方面，让我从小逐渐树立起一个信念：**真实世界比虚拟世界好玩得多**。有了这一想法，我自然不会把宝贵的时间和精力投入游戏世界。

曾经有一位妈妈向我求助，说她的儿子沉迷于《神奇宝贝》，就连上课时都在课本上画游戏中的动物，为游戏中的对战"排兵布阵"。我和她分享了我自己的故事，妈妈非常后悔地说："我的孩子很喜欢小动物，以前他很喜欢去动物乐园喂小香猪，喂一次要 100 元。我总是嫌贵不让他去。现在想来真是后悔死了，与其让他沉迷游戏中的动物，还不如让他多去和真的动物接触。"之后，这位妈妈不仅和孩子制定了游戏约定，还规定每周六上午是"出游日"，带着孩子去体验不同的兴趣爱好——射箭、骑马、逛花鸟市场……在真实世界的吸引下，孩子对游戏的沉迷一点点降低了。

有句话叫"曾经沧海难为水"，只要让你的孩子体验到真实世界有多精彩，他就不屑于沉迷虚拟世界。

小贴士

为了让孩子体会真实世界的趣味，家长可以：

① 每年带孩子旅游两次。

② 每周带孩子去参加一节兴趣爱好体验课，不必考虑孩子能否坚持下来。

③ 让孩子学会玩，如放风筝、钓鱼、养宠物、下棋……

④ 带孩子去不同的餐厅品尝美食。

⑤ 看电影。

⑥ 让孩子去公园接触大自然，去动物园和小动物玩耍。

⑦ 陪孩子去博物馆。

⑧ 让孩子参加夏令营。

4. 让孩子取得进步，获得自信

沉迷网络的孩子大多在现实世界郁郁不得志，他们不被理解，常常感到自卑、孤独，所以才会去虚拟世界寻求慰藉。要让孩子远离网瘾，父母就要设法让孩子在真实的世界获得自信。自信心来于"我能做到"的信念。要让孩子获得自信，家长要注意三点。

（1）多鼓励，少打击

《正面管教》中有一句话："父母从哪里得到一个疯狂的想法，想要让孩子表现更好，就要先让他们感受糟糕。"现实生活中，许多父母却在用让孩子感受糟糕的方法"激励"他们，例如：

◆ **激发羞愧**："爹妈养你这么辛苦，你考这点分数好意思吗？"

◆ **比较孩子**："你怎么就不能像哥哥那样优秀呢？"

◆ **惩罚威胁**："这次考得这么差，寒假别出去玩了，多报两个补习班！"

有时候，即使孩子做得不错，家长也要用激将法，提醒让孩子别"翘尾巴"、戒骄戒躁。家长的本意是想激励孩子，让他们更有动力，但其实这只会让孩子对学习恐惧，感到自卑。即使有些孩子受到刺激努力学习，这也不是健康的学习动力。

与此相反，孩子感觉好才能做得好。家长要多多发现孩子的闪光点，鼓励孩子，给他们正向的动力。家长可以这么做：

◆ **发现优点**："我注意到，你刚才很专注、很用心。"

◆ **引导反思**："这次你全部答对了，你是怎么做到的？"

◆ **认可努力**："这张卷子很难，你坚持做完了，这就叫坚韧！"

◆ **表达信任**："我相信，你一定能够达到自己的目标。"

孩子需要鼓励，就像植物需要水，家长及时鼓励孩子，才能巩固孩子的正向行为，让孩子建立自信心，也让他们体会到父母的爱和家庭的温暖。

（2）设置稳定合理的期望值

有些孩子能力不弱，学习成绩也好，但依然非常自卑，其中一个重要的原因，就是父母无休止的高要求：孩子成绩落后，家长希望孩子赶上大部队；孩子的成绩好不容易达到了中等，家长希望他中等偏上；孩子经过努力达到了目标，家长又希望他再接再厉，进入班级前 10 名……

有位家长学员和我分享了她的一个童年阴影：有一次她数学考试得了 98 分，是班级第一。放学回家，她兴高采烈地告诉妈妈这一喜讯。她的妈妈得知消息后，嘴角闪过一丝不易察觉的微笑，然后就厉声喝问："还有两分去哪儿啦？！"父母的期望永无止境，会让孩子感到自己无论怎么做也达不到家长的期望，因此

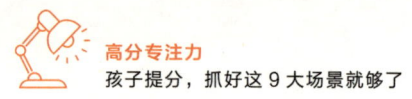

也永远对自己不满。

当然，父母这么做的心态可以理解。家长总是希望自己的孩子不断进取、再接再厉，不希望孩子骄傲自满，躺在过去的功劳簿上。然而，不断提高要求只会让孩子越来越自卑，反而丧失了前进的动力。

父母对孩子当然可以有期望，但一定要合理、稳定。具体可以这么做：

◆ 家长和孩子一起商量下一阶段的目标，不能家长单方面制定学习 KPI。

◆ 如果孩子成绩中等偏下，可以制定小步渐进的提升目标，让孩子一点点提高，切忌定一个过高的目标，一旦达不到只会让孩子感到挫败。

◆ 如果孩子成绩中等偏上，可以允许孩子维持现状，切勿得陇望蜀。

◆ 如果孩子上一次超常发挥，允许孩子设定下次目标时下调预期。

◆ 当孩子达到了预定目标，和孩子一起庆祝已有成果，让孩子充分感受自豪感。

◆ 孩子没有达到目标也不必责备，父母可以和孩子一起反思原因，也可以适当下调目标。

让孩子自己定目标，能有效激发他们的积极性。达到自己设定的目标，孩子会更有自信心，从而更愿意积极进取，不断前行。

（3）让孩子取得真实的进步

自信心来于"我能做到"的信念。最能让孩子建立这种信念的，就是让孩子取得真实的进步。如果孩子每天在学习上花的时间一点也不比别人少，成绩却一直落后，那无论家长怎么夸，孩子都无法建立自信。

"成功是成功之母"，建立孩子信心最有效的方法，就是让他们取得真实的进步。家长运用本书的方法培养孩子的有意注意，和孩子一起找对方法，从哪里跌倒就从哪里爬起来，让孩子深切地体会到，只要自己付出努力，就能取得进步，这才是真正的自信！

在使用手机这件事上，外行家长直接给孩子买手机，内行家长懂得逐步放权；外行家长盲目相信孩子能管理好，结果覆水难收，内行家长达成严谨的约定，锻炼孩子的自控力；外行家长的孩子只能从游戏中取乐，内行家长引导孩子看到真实世界的精彩。

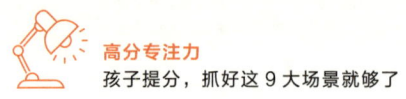

本章总结

1. 孩子自控力不足时，家长给孩子买手机、让他们自由使用，是极为不负责任的行为。

2. 父母要循序渐进地给孩子使用手机的权限，通过制定明确的约定来锻炼孩子的自控力，随着孩子能力的提升，再给他们更多权限。

3. 要让孩子远离网瘾，就要让他们在现实世界获得更多自信心和成就感。

扫码添加作者的公众号，回复"高分专注力"，即可获得"高分专注力全套落地工具"。

孩子写作业前磨磨唧唧，家长怎么办

内容提要

孩子每天写作业前，都拖拉磨蹭，翻翻抽屉，东张西望，一会儿要喝水，一会儿喊肚子饿，一转眼20分钟过去了，作业一个字都没写！最后免不了家长厉声呵斥，让人好不心累！

其实，每个人调动有意注意前都需要"注意启动"，大脑需要经过一段时期的预热，才能进入高度专注的状态。就像飞机起飞比巡航时要消耗更多能量，"注意启动"比"保持专注"更加困难。

孩子还没有掌握"注意启动"的技巧时，家长需要智慧地助推，用"时间三问"等方式帮孩子启动自己的注意力。随着孩子能力的提高，家长可以引导孩子建立专属于自己的"启动仪式"，帮助他们快速平稳地进入专注状态。当孩子掌握了"注意启动"的技巧，孩子就能自觉开始学习，这样孩子主动，家长也会轻松。

一、写作业前磨磨蹭蹭是孩子在做"注意启动"

豆豆妈妈最烦心的时刻，就是每天催孩子去写作业。

"今天自觉点，7点就去做作业哦！早点开始早点做完，剩下的时间你就可以自己安排啦！"

"哦，我知道了！"豆豆愉快地答应。

然而，等妈妈洗好碗回来，一看时钟，已经7点20分了，豆豆依然在沙发上看小说。"你看看都几点了？说好了7点开始做作业的呢！说话不算数。快去做作业！不然又像昨天，要弄到很晚。"豆豆妈妈提高了嗓门。

豆豆不情愿地放下小说，打开书包，慢悠悠地翻起来。"动作快点！别让我等很久。"豆豆妈妈感觉自己的耐心在一点点消逝。

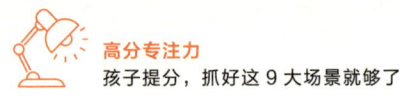
好不容易，豆豆把作业放到书桌上，要开始写了。他抬头看了一眼妈妈："我口渴了，我想喝水。""刚才怎么不说，赶快去倒！"豆豆去厨房倒了一杯水，坐在书桌前小口啜饮。妈妈看着豆豆"品茶"，感觉自己的耐心真的不多了。

豆豆放下水杯，凝望作业。妈妈刚松了一口气，豆豆又看了妈妈一眼："妈，我想上厕所。"豆豆妈妈濒临爆发，但依然强忍着怒火，从牙缝里蹦出几个字："赶、快、去！"豆豆再次离开了座位。

等豆豆再次坐下，5分钟又过去了。他坐正，认真地翻开作业，端详了一会儿。突然，他又开始东张西望："咦，我的铅笔盒哪儿去了？"

看到这些，豆豆妈妈实在憋不住了，积累多时的怒火喷薄而出："每天做作业都要磨磨蹭蹭，刚才干吗去了？好好讲根本不听，非要我发火才肯好好做作业！"豆豆害怕了，他赶快拿来铅笔盒，"刷刷刷"地写了起来。

豆豆真的做起作业来，还是挺专注的。看到这一情景，豆豆妈妈心里充满了疑惑："难道真的要发火，才能让孩子开始写作业吗？"

其实，很多家长都会有类似的苦恼。孩子每次开始做作业前，都要拖拉磨蹭，但真的开始写了，专注力还不错。这究竟是为什么呢？这是因为，从无意注意进入有意注意是特别耗能的。就好比火箭离开大气层消耗的燃料，比进入轨道后消耗的要多好几倍。所以，孩子进入专注状态，比保持专注需要付出更多意志努力。

其实不光孩子，大人也这样。请回顾一下，你自己每天来到办公室做的第一件事是什么？是一到办公室就坐下专心工作吗？恐怕不是。大多数人，一般是先泡杯茶、刷刷手机、收收邮件，或者清理一下桌子、上个厕所。做这些事，短则五至十分钟，长则一小时。等这些预备工作都完成了，自己的状态才渐入佳境，开始专心致志做高难度的工作。想象一下，如果你做这些事情的时候领导来了，因为你没有立即工作而责怪了你，那么你一整天的工作状态难免大受影响。

教育孩子也一样，当孩子磨磨蹭蹭没有开始，家长一定不能训斥、威胁、吼叫。父母这样做，孩子即使开始写作业，也是出于恐惧被动开始，并不是主动启动，那么下次启动时依然需要家长督促。同时，家长也不能放手不管，任由孩子磨蹭很久，因为注意启动是需要训练的一项技能。

引导孩子启动注意是家长的一项重要的工作，它是一门技术活。下面我们就详细谈谈家长可以怎么做。

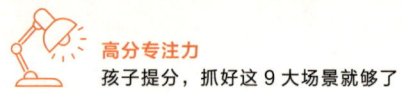

二、掌握这四招，让孩子顺利启动有意注意

启动注意就像发射卫星，卫星离开大气层时消耗的燃料比在轨道上运行时高得多。卫星自己没法离开大气层，需要火箭的助推。

小学低年级的孩子独自快速启动有意注意较为困难，需要家长进行一定的协助。家长按照以下四步，既能让孩子快速地启动有意注意，也能训练孩子掌握"注意启动"的技能。

1. 用"时间三问"确定开始时刻

家长让孩子顺利启动的第一步，是和孩子协商确认开始做作业的时刻。

这个时刻千万不能由家长确定。家长直接告知孩子"7 点去做作业！"或者问孩子："7 点做作业好吗？"孩子回答："好。"这样都不利于孩子启动注意。原因何在？

选择开始时刻，就是让大脑在为启动注意做准备。如果孩子没有仔细思考的过程，也没有慎重的选择，那么成功启动的概率很小。同时，总是由家长确定时刻，只要父母不在，孩子就难以启动。

家长怎么做，才能既提高启动成功的概率，又能让孩子学会自主启动呢？推荐家长可以用"时间三问"，启发孩子的思考。

（1）"你今天打算几点开始做作业？"

询问"今天 7 点做作业，好吗？"是无效的，因为这种情况下，孩子不需要思考。开放式地问他："你打算几点开始做作业？"则需要孩子主动思考、慎重确定开始时刻。孩子思考得越多，预热就越充分，他的积极性也就越高。

如果孩子说的时刻太过离谱，例如晚上 9 点才开始写作业，家长可以对他说："不行哦，这会让你做到很晚。你可以在 6 点半到 7 点之间选一个开始时间，你来决定！"让孩子在一个范围内做选择，也能达到预期效果。

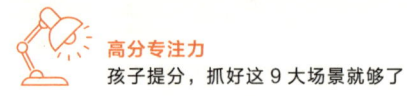
（2）"你怎么知道开始时刻到了？"

家长千万不能在孩子说了开始时间后就放手不管，一定要继续追问他们"有什么方法能知道开始时间到了"，如果没有这一问，约定的时间到了，家长还是免不了催促提醒。父母协助的最终目标是孩子能自主启动，所以要让他们找到提醒自己的方法。

孩子通常有很多好办法：设一个闹钟、让家里的智能闹钟提醒自己，或者拧一个番茄钟开始倒计时……这里需要注意，如果孩子提出："到了时间你来叫我吧！"家长要坚定地说"不"，要告诉孩子："我可能会忘记的，你需要学会自己提醒自己时间到了，请你再想想，还有什么方法能让你知道该做作业了。"

之所以不能由家长提醒，原因有二。第一，我们的目标是孩子自主启动。如果由家长提醒，那么一旦家长不在，孩子的有意注意就启动不了，还是达不到自主的目标。第二，家长有很多其他事情要做。如果错过了时间忘记提醒，那么孩子就会责怪家长。

（3）"如果时间到了，你没有开始，我可以怎么做？"

自主启动对孩子是有难度的，尤其刚开始训练时。这一问，是让孩子自己选择一种家长的督促方式，也向孩子传递了这一信息：到了开始时刻一定要开始做作业，我会全力协助你。这会让孩子对启动时间更加重视。

在具体的提醒方式上，孩子会有很多创意。例如，有的孩子会选择让家长轻轻摸摸他的背，有的孩子选择让妈妈安静地站在旁边。因为家长提醒的方式是孩子自己选的，当我们真的去提醒的时候，孩子的抵触情绪也会少很多。

当父母问了这三个问题，孩子做了大量自主思考，一般都能准时开始。即使这样，孩子依然无法启动时，家长可以怎么做？别着急，我们还有后招。

2. 温柔而坚定地助推

如果做到了以上几步，时间到了，孩子依然在拖拉磨蹭，乞求延长时间："妈妈，再过 5 分钟嘛！"这是很考验家长功力的时候。先讲两个错误做法。

一是纵容。很多家长会心软，说："好吧好吧，那最后 5 分钟哦！5 分钟后一定要开始哦！"这是非常错误的做法。因为家长这么做，相当于主动打破了按时开始的规则。既然刚才约定的时间可以不遵守，那"5 分钟"的约定也可以不遵守。

二是责备。有的家长会指责孩子："你自己说好的，怎么又做不到！"如果这样，孩子可能会想："以后我再也不答应你了！"

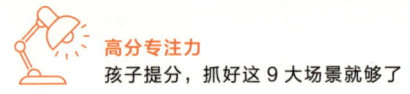

那家长究竟该怎么办？

（1）家长履行约定，做出正面表率

刚才在"时间三问"的第三问提到家长和孩子约定好如何督促，此时坚定地执行就可以了。例如，如果孩子和家长约好督促方式，时间到了家长在一旁轻轻提醒："要开始做作业咯！"家长就在孩子身旁不断地这样提醒他。此时既不要回应孩子的请求和借口，也不要指责批评孩子，即使孩子显得很烦躁，家长继续执行约定就可以了。

父母坚持这样做，一方面可以督促孩子开始，另一方面给孩子做出了遵守时间、履行约定的正面示范。

（2）用爱为孩子赋能，让他们战胜自己

如果家长按约定提醒孩子，他依然没有开始，家长该怎么办？

启动有意注意，是极为耗能的阶段。在这个过程中，孩子忍受着内心斗争的煎熬：一方面是自己答应了开始时间，也想履行约定；另一方面，又要克服离开舒适区的阻力。这时候，家长要为孩子加油鼓劲，让他有力量战胜自己。

具体怎么做？家长可以多制造非言语接触：朝孩子微笑，轻轻地抚摸他的后背，也可以给他一个拥抱，温柔地说："加油哦！"不论孩子有何反应都坚持到底。这一做法，能让孩子感受到父母的坚持，也能传递爱的力量。通常做好这一步，孩子一定会顺利地启动，开始做自己该做的事情。

《正面管教》中有这样一句话：家长们总是说得太多，有时候沉默会如此"响亮"。做这一步的要领，就是尽量闭嘴，多用肢体接触，少说话。因为看到孩子迟迟不愿意履行约定，家长也憋着一股气，一开口，难免就是指责批评的语气。孩子一旦感受到批评，他巨大的内心纠结，瞬间会转移为和家长的对抗，结果适得其反。所以，家长在坚持到底的时候，尽量不张嘴说话，反而更能起到作用。

小贴士

孩子走出舒适区是很耗能的，这也是对家长的一大考验。为了让自己保持温柔冷静，父母可以这样想："开始时刻不是孩子应该去做作业的时间，而是我督促孩子做作业的时间。我无法掌控孩子的行为，但我能控制自己，为孩子做出表率。"

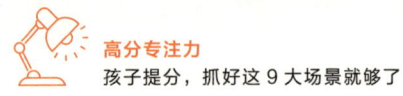
3. 及时鼓励孩子

大多数情况，孩子在战胜惰性去做作业的时候，一定是很不情愿的。他可能嘴里嘟嘟囔囔，说："烦死了、烦死了！"还有可能气呼呼地拿出作业，重重地放在桌子上。这时候，家长可千万别被他惹毛了。如果这时候批评孩子："你自己答应好的事情，有什么好生气的！摆脸色给谁看？"那可就功亏一篑了。

因为，当孩子克服了自己的惰性履行约定的时候，心情就是会很烦躁的。这时候家长一定要认识到："他这么不情愿，还愿意开始做作业，这是多么了不起呀！"因此，家长要这样鼓励他："你这么不情愿但还是照做了，谢谢你履行了我们的约定！"

在我的儿子呼呼两岁半时，有一天，我带他去餐厅吃饭。临走前，我想起来上次去那家餐厅，服务员给了我一张抵用券。我去抽屉里拿出这张券，被呼呼看到了。他很想拿着这张券，而我又担心被他弄丢。

于是，我和他做了一个约定："等我们到了车上，你就把券给爸爸。"他同意了。为了确认他知道了，我问呼呼："什么时候要把券给爸爸？"他说："到车上！"

呼呼挥舞着这张券出门了。走过一段路，我们上了车，呼呼坐进安全座椅，还拿着这张券。我说："到车上了，券该给谁？"他没有回答。我进一步问他："我们的约定是什么呢？"他伸手把抵用券给了我。我接过券，看到他不情愿地低着头，皱着小眉头，非常沮丧。我赶忙鼓励他："呼呼，你这么不情愿，还是按约定把券给我了，要给你点赞！真是了不起！"说着，我用大拇指在他额头上轻轻点了个赞。他的眉头有些舒展开了。我又说："呼呼了不起，给自己也要点个赞！"他笑着点了点头，也用拇指在自己的额头上点了赞。他说："我要自己关门。"说着把手伸出来，关上了车门。我们愉快地出发了。

4. 记录启动时间

家长在刚开始尝试引导孩子启动注意时，需要记下孩子每次启动所用的时间，也就是从约定开始的时刻，到孩子实际开始专注做作业之间需要的时间。例如，孩子答应 8 点开始做作业，在家长的协助下，8 点 10 分才做好所有准备，进入有意注意，孩子的启动时间就是 10 分钟。记录启动时间，能起到两个作用。

如果家长以前经常制定了规则又不执行，孩子经常用哭闹、

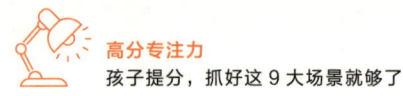
发脾气的方式迫使家长妥协，前几次尝试让孩子按约定启动注意会比较困难，家长要忍住不发脾气、温柔坚定地坚持到底，让孩子认识到父母是"来真的"。前几次尝试时，家长可能需要花费较长时间才能让孩子启动。记录启动的时间，能让父母看到孩子每天启动的时间在缩短，直观地感受到自己和孩子正在进步，这种信心会让家长更容易坚持下去。

有一次，一位妈妈带他的儿子来咨询。他的儿子刚上小学二年级，经医院诊断，孩子患有重度注意力缺陷。他一进咨询室就表现出异常——在我的工作室满场飞奔，不愿乖乖坐在沙发上。妈妈好不容易引导他坐到了沙发上，他也动个不停。没一会儿，他的屁股还在沙发上，但脑袋已经冲下碰到了地面，两脚朝天。

妈妈对我说，他的孩子每天很难启动注意。她每天都和孩子约定开始做作业的时间，但孩子总是拖拉磨蹭，家长要花很多精力督促他开始，中间免不了家长发火、孩子哭闹，折腾一个小时孩子才肯去做作业。

我对她说，那我们试试看吧！咨询前，我就让家长和孩子商定，来到咨询室要做一份数学计算题，孩子也答应了。我让家长在旁观察，我亲自上前启动他的注意。我温柔地对他说："我们要开始做题了。""不要！"孩子把嘴一撇，头转向一边。我轻轻拍拍他的肩膀，对他笑笑。他突然站起来，快速在教室里奔跑起来。妈妈有些慌，她不知所措地看看孩子、看看我，不知道该做什么好。我对她说："你只需要观察，看我怎么做，顺便帮我计个时。"妈妈拿出手机开始计时。

孩子正在教室角落摆弄我的教材，我来到孩子身边，拍拍他，轻声说："我们要开始做题咯。"他没有回答，再次转身跑开。这次他来到白板前，指着白板上的字问："这写的是什么？"我没有回答，继续摸摸他的背，对他笑笑。他拿起笔，在我的板书上画了个笑脸。我轻轻握住他的手，拿走他的笔，微笑着对他说："我们要做题了。"他跑到茶歇区，问："我能吃块饼干吗？"我没有回答，只是温柔地笑笑。……最后，孩子转身去拿了自己的书包，来到书桌前，一言不发地拿出一张数学口算卷子——正是妈妈和他约定好，今天要完成的那张。

我悄悄问孩子妈妈："用了多久？"她看了一眼手机回答："8分钟。"而平时在家，她需要一小时才能让孩子启动。之后，孩子自己开始做题，非常专注，最后60道题只错了1题。我和妈妈进行复盘，把这一方法分享给她，回家后她只用了5分钟就让孩子顺利启动。

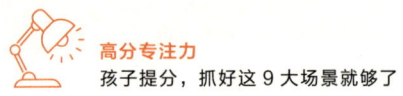

三、帮助孩子建立自己的"启动仪式"

就像汽车发动一样，有意注意需要一个"点火启动"的过程。前面谈到的是家长如何帮孩子"助推发动"，但我们最终的目标，是家长不在孩子身边协助时，他们自己也能"点火发动"。

孩子自主启动的前提，是家长能在 5 分钟内协助他们启动专注力。如果做不到，就请坚定地施行前两节谈到的方法。如果家长能顺利地完成这一任务，就可以尝试培养孩子自主启动。

1. 先观察：发现孩子独有的"启动仪式"

每个孩子都有自己独特的"启动仪式"。写作业前，有的孩子喜欢把桌面整理干净，有的孩子会喝杯水、上个厕所，有的孩子要在家里巡视一圈，也有的孩子会把今天要做的作业都翻看一遍。这些都是孩子在尝试启动注意力，只是其中有些有效，很快就能帮孩子进入有意注意；有些效率较低，孩子要花很长时间才能进入状态。

适合的才是最好的，孩子已有的启动方法，往往是最能帮助他们进入有意注意的。培养孩子自主启动的第一步，就是家长做好观察，先从孩子已有的行为模式中发现有效的启动方法。

所谓观察，就是家长和孩子确定好启动时间后让孩子自己启动，家长不做协助，只是在旁边静静观察以下两个方面。

第一，启动仪式。观察孩子在开始专注写作业前要做些什么，这通常就是孩子的启动仪式。

第二，启动时间。记录从约定开始的时刻到孩子开始专注写作业之间的经过时间。

经过几天的观察，家长就能大致了解孩子平均要用多久才能自己启动注意力，也会发现孩子有哪些较为高效的启动仪式。

2. 让孩子了解"注意启动"的原理

家长需要找一个时间充裕、孩子心情不错的时机，和孩子详细地聊聊"注意启动"这回事，让他们明白其中的原理。

（1）问感觉

家长可以问问孩子："你每次开始专心致志做一件有难度的事情之前（比如做作业、洗碗等），你有怎样的感受？"孩子可能会说："我会很不情愿，觉得很烦。"

（2）讲原理

接着，家长需要认同孩子的感受："没错，你有这样的感觉很正常。启动注意力，就像飞机起飞、火箭发射一样，特别消耗能量。其实，每次我在开始工作之前也会有同样的感觉，我也会感到很烦、很难。"

（3）点个赞

然后，家长要给孩子点个赞："启动注意很困难，你每次启动专注力都非常了不起！"

通过以上沟通，孩子明白了"注意启动"的原理，也会更加重视，同时他们也会感到家长能理解自己，又受到了家长的鼓励，因此会更愿意配合家长。

3. 头脑风暴：探索可能的启动仪式

接下来，你可以和孩子做头脑风暴，一起探索有哪些方法可以启动注意力。

家长可以先问问孩子："你有什么好办法？我们把它记下来。"给孩子充分的时间和耐心，让他们仔细思考。

你也可以和孩子说说你对他的观察，告诉他："我发现，你平时做作业前会做这些事情，其中哪些做法能让你较快地集中注意力。"

你也可以根据自己的经验提一些具体建议。

每当你们想到一个方法，就在白纸上记下来，完成头脑风暴后，让孩子从中选一个作为今天的启动仪式。

需要注意，家长一定要明确一条原则：

启动仪式是简单的事情，如上厕所、洗手、静坐一会儿、翻看今天的作业等，绝不能是游戏、娱乐。例如，玩乐高、看平板电脑、看闲书，这些会让人更难集中注意力。

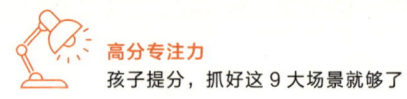

4. 评估效果：沉淀最好的启动方法

当孩子用自己选择的启动方法进行尝试时，家长要继续观察，记录孩子的启动时间。

"注意启动"的时间，一般为3～4分钟，最长不能超过5分钟。如果孩子选择的方法能让他较快启动注意力，那么家长要及时鼓励他"找到了一个好办法"，让他继续使用。如果孩子选用的方法时间过长，家长也要表示肯定，认可孩子"发现这个方法不管用"，并引导孩子用其他方法自主启动，直到孩子找到又快又好的方法。

一般来说，较为有效的启动仪式有：

① 喝水、上厕所、吃水果。

② 选择一个有利于集中注意力的地方，例如来到自己的专属学习桌前。

③ 告诉家人自己要开始做作业了，迫使自己开始。

④ 先不动笔，翻看浏览今天要做的作业。

⑤ 在书桌前静坐2分钟。

每个人进入有意注意都需要启动注意。启动自己的注意力，比专注做作业更有挑战。家长先要进行一段时期的助推与陪跑，再引导孩子探索最适合自己的启动仪式，直到孩子能独立完成注意启动。

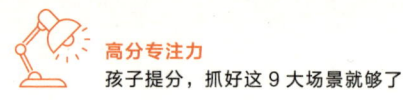
本章总结

1. 所有人进入有意注意前，都需要一段时间做注意启动。

2. 对低年级的孩子，家长要温柔而坚定地协助孩子完成注意启动。

3. 当孩子能在父母的协助下启动注意力后，家长就要帮助他们建立属于自己的"启动仪式"：在写作业前用几分钟时间做些简单的事，如喝水、上厕所、翻看作业等。

扫码添加作者的公众号，回复"高分专注力"，即可获得"高分专注力全套落地工具"。

孩子遇到不会的题就发呆，
不肯往下做怎么办

内容提要

　　成功的道路上一定不是一帆风顺的，而是充满了困难。要想成功，就要有应对困难的能力和勇气。然而，这是许多孩子特别缺乏的品质：孩子碰到不会做的题就发呆，遇到不会写的字就发脾气，碰到点困难就想要放弃……家长怎样引导，才能让孩子面对困难时调动有意注意，积极迎战，越挫越勇？

　　为了避免孩子变成"玻璃心"，家长要放下三种"干涉养育"，做孩子的"副驾驶"，把学习的方向盘交给孩子自己。父母可以和孩子一起列一份"做不来预案"，让他们在面对难题时胸有成竹。同时，家长在生活中要有意识地锻炼孩子"敢于不完美"，用"缺憾练习"有针对性地提高孩子的抗挫能力。拥有了以上这些品质，孩子才能在学习时迎难而上，披荆斩棘！

一、家长的三种"横加干涉"，让孩子面对难题无所适从

孩子面对困难不知所措，背后一定有个"横加干涉"的家长。下面列举三种家长在孩子写作业时最常见的干涉形式，看看你家有没有？

1. "这么简单的题，讲了那么多遍都不会！"——家长讲题让双方崩溃

许多家长越俎代庖，在家扮演起老师的角色，给孩子讲题：有些家长看到孩子解题遇到困难，忍不住上前为孩子讲解；有的

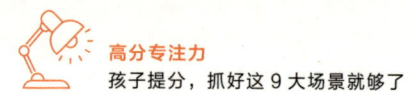

家长自己小时候某门学科成绩不错，心想不要浪费这一宝贵资源，就亲自辅导孩子该门学科；有的家长白天在家"备课"，孩子放学回家后再给孩子讲一遍……

然而，这样做的结果是什么？

通常是家长越教越没有耐心，孩子越听越糊涂，最后家长大吼大叫，孩子哇哇大哭。原因何在？

因为家长的方法孩子听不懂。

大多数家长给孩子讲题的方式，就是先自己拿题目做一遍，然后把自己的解题思路讲给孩子听。殊不知，会做题是一码事，能让别人掌握是另一码事，后者要难得多。我们不妨来看一道幼儿园大班的题目，如果你是家长，会怎样教孩子？

三个△加起来是 9，一个△是几？

先不忙着往下看，读者可以想一想，如果是你可以怎么教？

我在自己的家长课上，会让学员现场动脑筋。家长普遍有如下教法：

① 让孩子掰手指数。

② 问孩子："9 分成 3 份，每份是几呢？"

③ 问孩子："三角形有三条边，一条边是 3，三条边是几？"

④ 问孩子："三堆苹果加起来是 9，一堆苹果有几个？"

⑤ 解方程。

以上方法都是错的，因为：

① 如果题目中的 9 改成 12，手指头不够用怎么办？

② 幼儿园的孩子不会除法。

③ 换个图形怎么办？

④ 和 ② 是一样的，无非是换个未知数而已。

⑤ 要教幼儿园孩子解方程，看来这位家长也是真没辙了。

到底该怎么教？我们来揭晓答案。

想象你是幼儿园小朋友，我们来学解题。

"三个△加起来是 9，一个△是几？"

我们先随便猜一个，假设一个△是 1，三个 1 加起来是几呀？对，是 3。够不到 9，怎么办？△需要再大一点。

我们再假设△是 2，3 个 2 加起来是几呢？对，是 6。够得到 9 吗？△还要再大一点。

这次我们假设△是 3，加起来是几？就是 9。所以△就是 3。

你看，要做出这道题并不难，只要念过小学的都会做。但要让幼儿园孩子学会解这道题就没这么简单了。教给孩子的方法，要符合幼儿园孩子的思维水平，这是老师、教育学家的智慧结晶。家长要在下班后立即想出这一教学方法，是不可能的。

我主张家长不要辅导孩子学科知识，别给孩子讲题。尤其是学生阶段某门学科特别优秀的家长，千万别辅导孩子这门学科。家长之所以在学习上优秀，正是因为在思维上领先别人，用这种超越性的思维辅导低年龄的孩子，孩子就更难听懂了，反复挫败很容易让孩子感到自卑，时间久了就容易放弃。

此外，家长辅导孩子还容易导致孩子产生依赖心理，养成"有困难，找爸妈"的习惯。孩子会想既然家长总会帮着讲解，那我上课就没必要仔细听了，也不需要动脑筋了。

小贴士　　家长尽量少给孩子讲题。有些情况比较紧急，家长实在要讲，一定要确保自己知道怎么教，并且教法要和孩子的老师保持一致。

2. "这个字写得不好，擦掉重写！"——随时纠正导致孩子害怕犯错

孩子遇到难题容易被困住，还有一个重要原因，是他们怕犯错。孩子为什么怕犯错？请看以下场景。

孩子写字时，父母站在一边，看到写得不好的字就擦掉。

孩子做错了题目，家长批评："上课怎么听的？怎么教都学不会！"

孩子背错了一首诗，家长怒喝："罚抄 100 遍，给我长长记性！"

在学业上出错原本不可怕，改正就是了，做错一道题又不是医生手术失误，不会造成什么严重后果。但如果每次一出错，孩子都会看到家长凶神恶煞的面孔，听到父母惊天动地的咆哮，内心会把"错误"和"恐怖"紧紧连接在一起。当他们遇到不会做的题目，预计要犯错时，内心的恐惧感会不由自主地冒出来，孩子就像受惊的小鹿，呆立在原地动弹不得。

家长要求孩子少犯错误，是希望孩子把事情越做越好。初衷当然没错，但家长往往忽略了一个事实：要少出错，其实有两

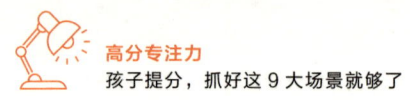
种方法。一种是把所有事情做到尽善尽美；另一种是对于那些没把握的、有挑战的、可能会出错的事情，尽量不做。这就是多做多错，少做少错嘛！显然，这种方法要比前者简单得多。

所以，如果家长对孩子犯错特别敏感，让孩子感到犯错很可怕，结果通常会让孩子畏首畏尾，不敢挑战，和家长的初衷背道而驰。其实，人的进步就是"尝试—犯错—改进"的过程，家长不让孩子犯错，就等于不让孩子进步。我们要教会孩子的是要有敢于尝试的勇气，有从错误中学习的能力，这样他们才能不断进步。

3. "往下做呀！没关系呀！跳过去呀！"——孩子越来越着急

家长希望孩子遇到不会做的题目，先跳过去做后面会做的题，全部做完了再回过头来解决那些难题。然而，孩子偏偏不愿意这么干，他们遇到困难就卡在那里，家长在旁边着急地喊："做不出来没关系的呀，发什么脾气，赶快跳过去继续做呀！"可孩子就是待在那里纠结，严重的还会哭闹、扔书、打自己。这究竟是怎么一回事？难道孩子真有心理问题？

其实，问题出在家长不能理解孩子的感受。父母不妨将心比心，当我们自己很想做好一件事，却遇到困难，付出了很多努力都没有取得进展，我们会不会有懊恼、挫败的感觉？当然会。这时候，如果旁边有人不断劝我们"赶快放弃，没关系的，这没什么好发脾气的"，我们非但不会得到安慰，还会认为他们"站着说话不腰疼"，心里只会更加懊恼。

正确的做法是，一方面认可孩子内心的挫败感，一方面让他们学会如何应对困难，管理好自己的情绪。有了这些能力，才能让他们今后遇到困难时处变不惊。

总而言之，要解决孩子遇到难题卡壳的问题，家长既不要过度参与——这会导致依赖，也不要只知道指挥——孩子会无奈。父母要通过让孩子学会自己面对各种困难，让孩子已经启动的有意注意畅行无阻。

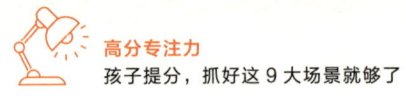
二、帮孩子建立"做不来预案"

飞行员在空中遇到飞机故障怎么办？

打电话请教，那是来不及的。

自己瞎琢磨，这是要出事的。

飞行员都有一套应急方案，当飞机遇到故障时，飞行员拿出这套方案照做就可以了。

教育孩子的最终目标是家长放手、孩子独立。父母要引导他们掌握一套应对方案，在孩子遇到难题时，孩子自己能够设法排除障碍。

父母可以用以下三步，帮孩子建立一套"做不来预案"。

1. 询问：穷尽所有方法

首先，家长要找一个恰当的时机，留出充分时间和孩子沟通。家长千万不能等孩子已经遇到困难，有情绪了，再去和孩子探讨。家长最好在孩子开始做作业之前和他们探讨，这样一来，讨论的结果马上就会有实践的机会，而且探讨本身也帮孩子做好了有意注意的预热。

家长首先要让探讨在一个平和的氛围下开始，可以对孩子说："我发现当你做作业遇到不会的题目会卡壳，有时候还挺懊恼的。当我自己很想做好一件事，遇到挑战的时候也会很难过的。"然后问问孩子："我们一起来头脑风暴一下，如果遇到不会做的题目，你能想到哪些方法去解决呢？"接着就可以让孩子思考有哪些解决问题的方法，中小学生能够想到的方法有以下几种。

① 再想想。

② 问同学。

③ 问老师。

④ 看课本。

⑤ 看课堂笔记。

⑥ 看例题。

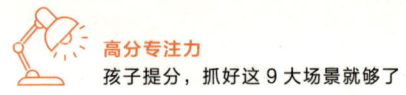

⑦ 问补习机构老师。

⑧ 标记下来第二天问。

这些都是孩子经常会想到的方法。头脑风暴时，孩子想到一个，家长就记下来。

小贴士

家长要拒绝的两种情况：一是问家长，二是用手机。当孩子提出题目做不来问家长时，家长可以如实告诉孩子：自己或许会做题，但是不知道怎么教，请你想想其他方法。如果孩子提出用手机查答案，家长也不应同意，这很容易让孩子养成依赖、偷懒的坏习惯。

2. 排序：确定应急流程

当孩子已经想到很多可以解决问题的方法，就可以让他们确定一套流程：当自己遇到做不来的难题时，可以先做什么、后做什么。下面是一位初中生的排序。

遇到不会做的题目，我打算这样做：

① 先"用力"想一想。

② 想不出来，就标个记号，让自己知道这道题有难度。

③ 翻看课本例题，看有没有相似的题目。

④ 问同学。

⑤ 问补习老师。

⑥ 实在不行就空着，明天去学校问同学或者老师。

孩子排序后，就初步形成了"做不来预案"。家长可以让孩子把这张清单贴在书桌前，下次遇到不会的题目就可以照章执行。

孩子用"做不来预案"解决问题需要一段时间适应。起初，孩子遇到不会做的题目依然会习惯性地求助父母。此时家长可以温和地问问孩子："在你的预案中，下一步该做什么？"久而久之，孩子遇到难题就会主动思考，形成自主解决问题的习惯。

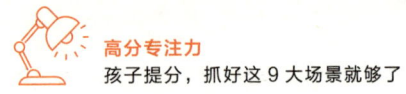

3. 调整：优化预案

"做不来预案"并非确定了就一成不变，还需要在实践中不断调整。家长在"做不来预案"建立之初一定要多上点心，在孩子写作业时注意观察：孩子遇到困难后是否能独立应对，发呆、发脾气的情况有没有减少。孩子完成作业后，父母也可以主动去问孩子这些问题，引导他们反思调整。

① 今天有哪些题目不会做，你是怎么克服的？

② 预案中哪些方法特别管用？哪些没用？

③ 预案的顺序需要怎样调整？

父母询问孩子这些问题，引导孩子不断打磨、迭代应对错误的流程。一开始头脑风暴建立的流程只是一个假设，通过实践打磨的流程才是最适合孩子的方法。

当孩子能够熟练应对作业中做不来的题目，家长还可以引导他们建立一套考场上的"做不来预案"。和作业流程略微不同，考试时无法求助同学、翻看练习册，孩子或许会采取在分数上"抓大放小"，或者做个标记跳过等方式。孩子手里有了应对方法，在考场上即使遇到做不来的题目也不容易有情绪，这能有效提高孩子的临考能力。

用以上步骤，父母协助孩子建立了一套应急流程，孩子即使遇到不会做的题，也不会被打断有意注意，而是会积极寻找方案，独立解决问题。它除了对孩子的学习和注意力大有裨益，还会让孩子养成积极主动的好习惯。长期训练后，孩子每次遇到挑战都会积极思考："我该怎么解决这个问题？下一步我该做什么？"

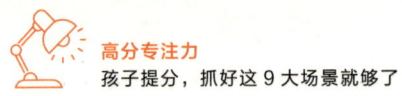

三、训练不完美的勇气

　　孩子遇到做不来的题目特别容易有情绪，很有可能就是完美主义在作祟。完美主义的孩子眼中揉不得沙子，做题不能犯错误，他们把目标定为"尽量不犯错"，于是他们在感到挑战时率先放弃，面对困难时畏首畏尾，遇到失败后大发脾气——这些都不是家长期待的行为。**我们真正要培养孩子的是"敢于不完美"：孩子要有敢于尝试的勇气，有不怕犯错的品质，有善于反思的能力。**有了这些，孩子才能持续进步和成长。

　　为了培养这些品质，这里提供给家长三种方法。

1. 鼓励孩子敢于试错

人类有两种学习方法：模仿和试错。

模仿是指从他人那里学习成熟的经验解决问题。例如：看说明书学会使用微波炉；老师在课堂上指导孩子掌握正确的解题方式。

试错是指自己尝试各种方式解决问题，一种方法无效，再换一种方式，直到成功为止。例如，两兄弟在打闹中学会相处；孩子自己摸索着学会走路。

模仿和试错同样重要。只会试错、不善模仿是思而不学，容易闭门造车。只会模仿不会试错是学而不思，缺乏创新能力。

家庭教育中，父母常犯的错误是过度指导，要求孩子样样事情都按照"正确方法"做，这样看起来效率最高，其实是阻断了孩子试错的能力。当他们习惯了凡事先得到标准方法再照章执行，一旦无人指导，或者面对全新问题，他们就会畏首畏尾。

只要出错的后果不严重，家长不妨让孩子多多尝试。有些弯路是必须要走的，它们是孩子提高试错能力必须付出的"学费"。

具体可以这么做：

◆ 孩子问家长"怎么办？"时，父母先让孩子自己想想办法。

◆ 孩子不知道怎么办，家长要鼓励他们自己试一试，告诉他们犯错了没关系。

◆ 孩子实在没有办法，家长给他们几个方案让他们选一选。

◆ 孩子明显用了错误的方法，家长不妨忍一忍，让他们自己从错误中学习。

◆ 孩子犯了错误，让他们自己说说从中学到了什么。

2. 引导孩子从错误中学习

知错能改，善莫大焉。错误是最好的学习机会，许多道理我们早就知道，但如果不犯一次错误，我们就是学不会。因为错误让我们印象深刻，促使我们深刻反思。回首我们自己的人生，许多关键能力都是从错误中学来的。

要让孩子从错误中吸取教训，家长既不能专制也不能放纵。如果孩子一出错，家长就发火，只会让孩子不敢尝试。但家长一贯纵容也会让孩子屡教不改。为了让孩子从错误中成长，家长要把握以下要点。

（1）冷静

孩子犯错后，家长通常会有强烈情绪。此时不宜和孩子沟通，可以给自己一段时间思考，允分冷静后再和孩子探讨。

（2）询问

家长切忌先入为主，要通过询问了解事情的全貌，尤其是孩子的动机。即使犯错，孩子的出发点往往是合理的。例如，有个孩子来不及完成作业，早上抄同学的答案。行为虽然不当，但他的动机——想要交作业，无可厚非。

（3）探索

家长和孩子一起探讨，为了达到目标，还有什么方法可以尝试？

（4）边界

树立明确边界，告诉孩子什么事情不能做。

来看一个我的学员提供的案例。

平平是小学一年级的孩子。一天，老师怒气冲冲地打电话给妈妈告状。老师说下课后，看到平平一直在和同学玩，就主动去问他："要不要上厕所？"平平说："不用了！"结果上课没几分钟，平平就在教室里大喊："我要尿尿！我要尿尿！"同学们哄堂大笑，老师非常生气。

妈妈听了也很生气，恨不得马上去学校骂平平一顿。不过她

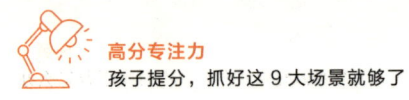
知道这不是理智的选择，于是她下午在公司平复了一下情绪。回家后，她和平平详细聊了这件事情。

她问平平："老师下课时问你要不要去厕所，你说不要，上课了又大喊'我要尿尿'，是什么原因呢？"

平平说："下课老师问我的时候，我不太想尿尿。结果上课了突然觉得很着急，我怕尿裤子，所以就喊了。"

妈妈表示谅解："你下课时如实地回答了老师，上课时想要尿尿也勇敢地提了出来，这些都做得很不错。只是上课你大喊'我要尿尿'，惹得同学哄堂大笑，这严重违反了课堂纪律，是绝对不可以的。下次遇到这样的情况，你可以怎么做呢？"

平平和妈妈一起思考，最后找到了这几个方法：

① 下课时，即使没有很强的尿意，也去一次厕所。

② 如果上课时想要上厕所，要先举手再对老师说。

③ 上课想要上厕所，如果能忍，就忍到下课。

④ 先向老师道歉，再对老师说："对不起，我想要上厕所。"

妈妈让平平自己选，第二天可以尝试哪些方法，孩子决定这么做：

① 每节课下课都去一趟厕所。

② 上课想要上厕所，就举手对老师说："对不起，我想去

厕所。"

在接下来的几天里，平平放学后妈妈都会问他："今天你尝试得怎么样？"孩子发现自己的方法特别管用，很有自豪感。

本案例中，妈妈先让自己平静下来，再询问孩子的动机，和平平一起探索了方法，鼓励孩子尝试。孩子不仅解决了遇到的问题，也锻炼了自己解决问题的能力，更重要的是，孩子发现错误不是灾难，而是学习的好机会。

3. 缺憾练习，让孩子获得不完美的勇气

孩子遇到不会的题目导致有意注意卡壳，还有一个重要因素：小学低年级学业难度较低，不论是写作业还是考试，"把所有题目做对"就是常态，孩子很少遇到需要暂时放弃的情况。正因为习惯了全歼对手、大获全胜，真遇见了久攻不下的情况，孩子才会不知所措。

然而，不完美是人生的常态。孩子必须学会面对缺憾，懂得取舍。我们可以专门设计一些"缺憾练习"，让孩子尽早熟悉如何面对挫折、调节情绪。

缺憾练习的意思就是，让孩子在较短的时间内做做不完的题目，让他们尝试多得分。例如：

给孩子 3 分钟、100 道计算题，让孩子努力去做，能拿几分是几分。

只给孩子 30 分钟，让他完成 60 分钟才能完成的试卷。孩子需要战略性地"抓大放小"，才能尽可能得高分。

孩子背诵时，只给他们 2 分钟时间看原文，然后就背给家长听。背错了没关系，再给 2 分钟时间看原文……这能有效避免孩子背诵时总是想看原文的现象。

这样的练习中，挫折是常态，取舍是战略，它能起到很好的作用。

第一，能有效锻炼孩子直面挫折，提高情绪管理能力。

第二，把孩子的目标从"尽量不犯错"变为"努力做到更好"，战胜完美主义，勇于接受不完美。

第三，懂得取舍，提高应试能力。

第四，"缺憾练习"提高的不仅是孩子的学习力和注意力，对孩子今后的人生也大有裨益。

人生何尝不是一场"缺憾练习"，在有限的生命中，任何人都不可能把所有事情都做到完美。如果一个人这也想做、那也想做，最后只会一事无成。真正成功的人生，需要选择少数重要的事并把它们做好。当孩子学会了取舍，直面自己，未来的他们才能勇敢应对自己的人生。

　　孩子一味地追求完美、回避错误，那困难一出现时，孩子就会手足无措。让孩子接纳错误、直面挑战，孩子面对挫折时才能淡定自如。家长需要赶快行动起来，锻炼孩子的逆商！

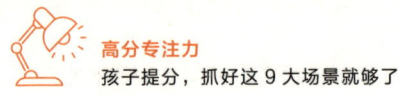

本章总结

　　1. 孩子遇到难题，家长千万不要亲自讲解，因为家长的思路孩子难以掌握。

　　2. 父母要协助孩子制定一份"做不来预案"，按照流程让孩子搞明白不会做的难题。

　　3. 要培养孩子的抗挫力，家长要允许孩子试错，并从错误中学习与成长。

　　扫码添加作者的公众号，回复"高分专注力"，即可获得"高分专注力全套落地工具"。